AF542705

1re Année. — N° 3. 15 centimes. Juillet 1900.

L'HYGIÈNE des SPORTS

Revue Mensuelle Sportive, Médicale et Littéraire

Rédacteur en chef :

Docteur MAISTRE

Adresser toutes communications à M. le Directeur

ADMINISTRATION ET RÉDACTION
13, rue de Poissy, PARIS

ABONNEMENTS
FRANCE : Un An 2 fr 50. — ÉTRANGER : 5 fr.

PROPRIÉTÉS DE LA NOIX DE KOLA

Les propriétés de la **Noix de Kola** ont été mises en lumière dans une discussion à l'Académie de Médecine.

Académie de Médecine, séance du 20 mai 1890.

Nous reproduisons les principaux passages de cette discussion, qui a eu un certain retentissement.

« Par des expériences nombreuses faites dans mon laboratoire à l'hôpital Cochin d'une part, et de l'autre dans les services de clinique des hôpitaux de Lille, où le docteur Monnet était alors chef de clinique, nous avons démontré l'action élective de la Kola sur la nutrition générale et sur la circulation en particulier... »

Les tracés reproduits dans la thèse du Dr Monnet montrent les effets toniques de la Kola, ce qui n'a rien d'étonnant, puisque cette substance renferme une proportion de Caféine double ou même triple de celle qu'on rencontre dans le café.

« Les expériences faites dans mon service me portaient à conclure à la faible action diurétique des préparations de Kola. Au contraire, celles entreprises à Lille par le docteur Monnet, plaidaient en faveur de ces propriétés diurétiques. Depuis, les nouvelles expériences que j'ai instituées donnent raison à M. Monnet; les préparations de Kola sont diurétiques et en particulier l'infusion ou la macération de Kola torréfiée.

« Cette action diurétique a pour éléments deux facteurs : d'une part la caféine, de l'autre la Théobromine...

« La proportion de Tannin que contient la Noix de Kola la fait appliquer ce corps au traitement de la diarrhée. Déjà un médecin distingué de la marine, le Dr Cunéo, avait signalé les heureux effets des préparations de Kola dans les diarrhées rebelles. Ces faits ont été confirmés par le docteur Duriau, et nous-mêmes avons obtenu des résultats fort remarquables de la Kola dans le traitement des diarrhées rebelles.

« Reste enfin l'action tonique de la Kola qui est incontestable et dans laquelle peut-être cette substance dite Rouge de Kola, trouvée par MM. Heckel et Schlagdenhauffen, peut jouer un certain rôle. » **(Dujardin-Beaumetz.)**

Académie de Médecine, séance du 8 avril 1890.

« Au cours de mes nombreuses recherches concernant l'action de la Noix de Kola sur les marcheurs, j'ai constaté qu'après épuisement de la *Caféine* par le chloroforme, la poudre de Kola agit encore d'une manière notable sur l'élément musculaire, et alors l'excitabilité nerveuse est à peine sensible. Aussi, suis-je porté à admettre que le produit désigné par M. Schlagdenhauffen et par moi sous le nom de *Rouge de Kola* dans notre travail sur les kolas africains, et qui subsiste dans la graine après épuisement par le chloroforme, est une substance très complexe dans laquelle se trouvent vraisemblablement des principes très actifs *(alcaloïdes, tannins, etc.)* dont nous n'avons pas opéré l'isolement. Il en a été de même pour les *quinquinas* dont le rouge cinchonique a donné bon nombre d'alcaloïde. Il ne serait pas étonnant que le Rouge de Kola fût le principal agent de l'excitabilité sur-nutritive musculaire, et il y aurait dans ce sens des recherches intéressantes à faire, en ne perdant pas de vue toutefois que la *Caféine* est par elle-même un excitant neuro-musculaire indiscutable.

« Cette manière de voir se trouve corroborée par cet autre fait que la poudre de *Kola* agit en tant que suspenseur de la fatigue musculaire à des doses très faibles...

« Or, je me suis assuré par des expériences comparatives entre l'action, sur la fatigue dans la marche, de l'alcaloïde pur et du *Kola*, qu'il y a toujours bénéfice et bénéfice considérable, à doses alcaloïdiques égales dans l'emploi de la poudre de la semence...

« Il y a donc autre chose que la *Caféine* dans la Kola, et ce quelque chose agit plus activement et à plus petite dose que cet alcaloïde dont il n'est pas bon d'abuser, du reste. Il faut donner la Kola en nature aux marcheurs et non la Caféine, jusqu'à plus ample connaissance de ce que j'ai appelé *Rouge de Kola*, qui me paraît être une substance aussi active que *méconnue*. Voilà quelles sont mes vraies conclusions. » **(Heckel.)**

1re Année. — N° 3. 15 centimes. Juillet 1900.

L'Hygiène des Sports

REVUE MENSUELLE SPORTIVE, MÉDICALE ET LITTÉRAIRE

Causerie Médicale

De la Glykolaïne Binsce (Kola granulée à base de glycérophosphates) au point de vue médico-sportif.

Un réparateur stimulant du système nerveux.

Peu à peu, l'éducation hygiénique, complément de l'autre, pénètre dans les familles. On dédaigne l'*américan humbug* aux panacées universelles ; l'on se refuse à expérimenter des produits dont on ignore la composition et qui ne *curent* que la bourse. Cela à notre joie, car si nous nous efforçons de recommander au public des spécialités honorables, il nous est agréable de voir le charlatanisme se heurter au vieux bon sens que nous ont légué nos ancêtres.

Dans un précédent article nous disions aux cyclistes :

Avant le départ, on doit prendre quelque nourriture, car si l'on partait à jeun, on risquerait de provoquer une prompte désassimilation des forces accumulées.

Beaucoup de *cyclewomen* et de *cyclistes* éprouvent de grandes difficultés de satisfaire à ce prévoyant conseil, leur estomac délicat se refusant, dès le matin, à l'absorption d'un aliment quelconque. Pour obvier à cet inconvénient, on leur a conseillé la kola qui paraissait devoir remplacer la nourriture absente.

L'usage de la kola *employée isolément* a été condamné par l'expérience, car si l'on a pu constater que la kola donnait provisoirement une énergie trompeuse, suivie d'ailleurs d'une grande lassitude, elle occasionnait à la longue des troubles sérieux et un épuisement irréparable.

On peut comparer l'action de la kola sur le système nerveux à celle de l'archet sur la chanterelle d'un violon. De même que celui-ci arrache des vibrations mais use peu à peu la corde qu'il caresse, de même la kola, n'étant ni réparatrice, ni reconstituante, stimule, excite le système nerveux en l'épuisant.

Une aimable lectrice veut bien nous confirmer ce qui précède :

« Au début du mode d'alimentation par la kola, *employée seule*, j'éprouvais une sensation de vitalité intense, il me semblait que je n'avais plus une perception exacte des distances et que je pourrais affronter des parcours inconnus des meilleurs *recordmen*. Ma bicyclette était un jouet que je laisserais avant d'éprouver la moindre fatigue!... Mais, cher docteur, quelle désillusion fut la mienne ! Je ne tardai pas à m'apercevoir que la kola escomptait ma nervosité et qu'il fallait au plus tôt y renoncer.

L'essai de la Glykolaïne Binsce m'a donné toute satisfaction. J'en prends une cuillerée à café par repas et je me sens régénérée. Plus de ces énervements brusques, suivis d'une fatigue accablante ! Je pédale à mon gré et j'éprouve une sensation de bien-être, de vigueur et de force que j'attribue à la reconstitution de mon système nerveux et musculaire ébranlé jadis par l'emploi d'une kola non alliée aux glycérophosphates reconstituants. »

Nous avons presque intégralement reproduit la lettre de notre aimable correspondante, en supprimant seulement les passages trop élogieux pour notre modestie, parce qu'elle résume admirablement la théorie que nous défendons ici.

En matière d'entraînement, il convient de considérer les muscles destinés à produire chez les êtres animés les mouvements locomoteurs. Ceux qui se sont occupés quelque peu de myologie savent que la contraction du muscle n'a qu'une durée temporaire et variable, après laquelle les fibres reviennent à leur état de relâchement et de repos. Cette contraction transmise par les nerfs s'appelle fluide nerveux.

En considérant ce mécanisme humain, on comprendra que toute ingestion d'un produit stimulant, *uniquement excitateur du système nerveux*, ne peut produire qu'une énergie factice, sans durée, et que si, pour prolonger celle-ci, on absorbe, dès que la fatigue s'indique, une nouvelle dose de kola, on escompte simplement la vitalité nerveuse qui s'épuise au détriment de notre organisme entier.

Aussi, à la constatation de tels effets, nos confrères auraient-ils renoncé à ordonner l'emploi de la kola, ce qui aurait été très regrettable, car la kola étant un stimulant de premier ordre, il suffisait de l'*allier à un reconstituant* pour éviter l'usure de substance nerveuse que, *prise isolément*, la kola provoquait.

C'est ce qu'expliqua le docteur A. Robin, dans une communication retentissante à l'Académie de Médecine, en préconisant l'emploi des *glycérophosphates* et en faisant connaître leurs propriétés antineurasthéniques.

Avec l'emploi des glycérophosphates, le professeur Robin obtint des succès indiscutables dans des cas nombreux de chlorose, goutte chronique, phtisie pulmonaire, mal de Bright, albuminurie, rachitisme, ataxie, scrofule, maladies de croissance et neurasthénie.

Dans une de ses leçons, le professeur A. Robin disait : « Il y a presque toujours intérêt, non seulement à associer les glycérophosphates, mais à leur ajouter des médicaments ayant une *action similaire sur la nutrition*. C'est ainsi que la *kola* et autres entrent dans la composition de mes formules. »

Il découle de la théorie du savant professeur que la kola *doit être alliée aux glycérophosphates* dont elle facilite la digestion et l'assimilation, en amplifiant leurs effets et que l'on obtient ainsi un aliment qui joint aux qualités de la kola, action stimulante sur le système nerveux, les vertus des glycérophosphates éminemment lactogènes et reconstituants et qui sont les aliments réparateurs des cellules nerveuses, que la kola, *employée seule*, épuiserait.

Cette nouvelle médication devait être l'objet de nombreux essais, mais la véritable préparation répondant aux indications de nos maîtres ès thérapeutique est toute récente. Un éminent chimiste a pu réaliser une glykolaïne ne laissant aucune prise à la critique scientifique ou pratique et il s'est décidé à l'offrir au public sous le nom de Glykolaïne Binsce.

La *Glykolaïne Binsce*, est le premier produit qui soit *exactement conforme* aux prescriptions des professeurs Heckel et Robin. Préparé selon la méthode qui consiste à incorporer dans une certaine quantité de sucre glycérophosphaté les principes extractifs de la kola (caféine, théobromine, rouge de kola et tannin), il répond à tous les *desiderata*, et nous ne saurions inviter nos lecteurs à une trop grande circonspection lorsqu'il s'agit d'un *médicament dont le principe curatif gît dans sa bonne préparation.*

Le bon *gratuit* à détacher, page 24 de ce numéro, donne droit à un échantillon de **Glykolaïne Binsce.** Nous devons à l'obligeance de ses préparateurs de pouvoir l'offrir aux lecteurs de ce journal.

Expérimentée par des bicyclistes qui avaient éprouvé un affaiblissement nerveux très sensible, à la suite d'un usage constant, quoique modéré, de diverses kolas, la glykolaïne Binsce leur a rendu la vigueur nécessaire.

Elle a reconstitué leur substance nerveuse et s'est affirmée un aliment réparateur de premier ordre. Quelques *cyclewomen* de mes clientes qui avaient dû renoncer à leur plaisir favori ont puisé dans la glykolaïne les forces nécessaires pour un entraînement sérieux. Quant à moi, je n'hésite pas à l'ordonner, convaincu par expérience de l'excellence de son action stimulatrice et réparatrice.

Dr MAISTRE.

A L'EXPOSITION

La Maïze-Kitchen.

On sait que les Américains sont les innovateurs de ce nouveau genre de publicité, qu'on appelle là « démonstration publicity ».

Entreprenants, ils n'ont pas hésité à louer de vastes boutiques dans les capitales d'Europe, d'y installer un personnel capable et affable qui, sous l'œil des curieux, fabrique ou fait mouvoir d'ingénieux appareils.

A l'Exposition, dans presque toutes les classes, ils ont appliqué ce système. On peut voir et toucher leurs machines, on peut goûter leurs produits — et nul doute qu'ils en retirent un profit appréciable.

On a discuté longtemps la valeur alimentaire du maïs. Allez la Maïze-Kitchen au Pavillon des Etats-Unis et, peut-être allégerez-vous votre jugement d'un préjugé, ou tout au moins vos préventions seront-elles très ébranlées.

La *Maïze-Kitchen*, qui a été organisée par le colonel Clark E. Carr, ancien ministre des Etats-Unis au Danemark — déjà reparti pour les Etats-Unis — et qui est dirigée maintenant par M. Louis Chodat, possède quatre cuisiniers : l'un d'eux est un allemand, le chef du grand hôtel bien connu de tous ceux qui ont visité Chicago — l'*Auditorium* — et a été engagé spécialement pour le service de la cuisine au maïs pendant la durée de l'Exposition. Je signalerai particulièrement aux visiteurs le type très pittoresque de la négresse qui représente l'élément féminin dans la *Maïze-Kitchen*. C'est une femme très entendue, un excellent exemple de la vieille domestique des plantations des Etats du Sud, de l'*auntie* — « la tante » comme l'appellent les enfants de la maison, qu'elle a vu grandir, et aussi les adultes, qui la traitent en personne de confiance, et avec tous les égards dus au serviteur fidèle et dévoué qui est né, a vécu et mourra auprès de ses maîtres, et saura, à l'occasion, se montrer capable pour eux des plus grands dévouements, comme on l'a pu voir lors de la guerre de Sécession, notamment.

Donc l'*auntie* et ses collaborateurs font voir à chacun ce que l'on peut faire du maïs et de ses préparations. Voir et déguster ; puis, à tout venant, on offre et l'on sert les plats de confection courante, ou du moins quelques-uns d'entre eux, car le nombre en est très grand. Un livre de cuisine, indiquant toutes les recettes relatives au maïs et aux moyens de l'apprêter, soit en grains, soit en farine, est à la disposition des visiteurs : et bon nombre de ceux-ci, sans doute, après avoir goûté aux plats de la *Maïze-Kitchen*, voudront pouvoir les préparer eux-mêmes, en les améliorant encore, avec l'ingéniosité culinaire que l'on reconnaît à notre race : je n'insiste donc pas sur la multiplicité des mets auxquels le maïs peut servir de base, et me contente de les signaler en appelant tout particulièrement l'attention des végétariens sur ce point.

Le maïs se consomme en grains, à l'état frais, ou bien en conserves : et alors il sert de légume. Mais c'est surtout comme farine qu'il rend des services. Cette farine sert à faire d'excellentes bouillies, qui rappellent très avantageusement le *porridge*, la bouillie de farine d'avoine qui se consomme si abondamment en Ecosse et ailleurs. Goûtez-y : avec du sucre en poudre et un peu de crème, cela fait un premier déjeuner très substantiel et sain, non pas seulement pour les enfants, mais pour les adultes aussi bien. Goûtez encore aux petits pains chauds à la farine de maïs : un peu compacts, il est vrai, mais peut-être saura-t-on les rendre plus légers. Préférez-vous un potage à la crème de maïs ? Vous n'avez qu'à le demander : c'est même par là qu'il convient de commencer. Après quoi, vous essayerez de beignets, de galettes, de gâteaux, avec un peu de miel ou de confiture, ou simplement de sirop, de crêpes aussi, de croquettes, de puddings, de blanc-manger, toute une série de préparations variées, qu'il est facile de rendre succulentes par l'addition de condiments divers, et qui sont naturellement très nourrissantes.

Jacquelin, Momo

et l'U. V. F.

Il y a environ une quinzaine de mois, la commission sportive de l'U. V. F., prise d'un beau zèle, se réunissait un dimanche soir pour prononcer une peine sévère — un mois de disqualification — contre Jacquelin, coupable d'avoir couru à Marseille sans s'être, au préalable, muni de la fameuse licence, dont l'utilité est tout au moins contestable lorsqu'il s'agit d'un coureur notoire.

En deux mots, il avait fallu, entre le délit (?) et la condamnation juste le temps nécessaire pour que le télégraphe apportât la nouvelle de la présence du coureur français sur la piste de la vieille cité phocéenne.

Aujourd'hui, nous assistons à ce spectacle d'un formalisme outré et grotesque qu'il est nécessaire, pour que cette même commission sportive sévisse contre un coureur étranger qui s'offre le luxe d'attraper publiquement l'un de ses membres dans un journal, que le comité directeur relève l'insolence et cérémonieusement demande à la dite commission sportive de vouloir bien sévir.

Et, pendant que s'accomplissent ces ridicules formalités, ce coureur étranger — Momo, pour ne pas le nommer — peut impunément se présenter au Vélodrome du Parc des Princes, prendre part au

Grand Prix de l'U. V. F., et — peut-être — recommencer à inonder la presse de sa prose s'il ne sort pas vainqueur ou si la décision du juge lui déplaît.

Nous nous doutons bien un peu que la commission sportive statuera un jour sur ce cas particulier, pour ne pas aigrir ses rapports avec le comité directeur, mais quand ?... Parbleu ! quand le Grand Prix de l'U. V. F. sera couru et que Momo sera rentré dans ses foyers pour la seule raison qu'il n'aura plus de courses à disputer, d'argent à gagner. On lui infligera alors une mise à pied d'un mois ou deux, qui n'aura pas plus d'utilité qu'un cautère sur une jambe de bois, d'ailleurs, mais qui aura l'air de vouloir sauver le principe.

Puis, quand viendra le mois de septembre, quand Paris attirera de nouveau l'attention par les épreuves sportives de l'Exposition, la horde transalpine reviendra, Momo en tête, se moquer des régisseurs du sport cycliste en France, qui n'ont de sévérité que pour leurs seuls compatriotes, chez qui l'étranger est maître pour peu qu'il sache ou qu'il ait un ami capable de tourner une épître suffisamment grossière pour en imposer.

Voilà deux exemples pris entre cent. Aux lecteurs de juger si nous avons raison ou tort de critiquer l'attitude de la commission sportive de l'U. V. F., que nous trouvons trop inféodée à l'élément étranger.

D'aucuns diront qu'il y a quelques secours mystérieux dans cette affaire ; ce n'est pas nous qui demanderons à aller y voir.

Cependant il nous sera permis de trouver étrange une telle façon d'agir qui dénote chez nos grands maîtres du sport un manque absolu de suite dans les idées.

Nous n'admettons pas qu'on fasse étalage aussi délibérément d'un tel parti-pris.

Rien ne vaut d'avoir deux poids et deux mesures quand on a la prétention de représenter la loi et la justice.

La femme dans les sports modernes.

La passion de la femme pour les sports s'accentuant de plus en plus, la *Revue et Revue des Revues* (nouveau titre de la *Revue des Revues*) a eu l'heureuse idée d'organiser sur ce sujet une consultation à laquelle ont bien voulu prendre part les représentantes les plus autorisées du monde féminin de même que les personnalités marquantes du monde des lettres et des sciences.

La reine de Roumanie n'a pas dédaigné d'envoyer à notre confrère un article qui est d'une saveur exquise. Citons-en ces lignes :

J'admets pour la femme tous les sports de nos jours, si elle reste gracieuse et touchante comme Sakountala, si elle porte secours aux malheureux comme sainte Geneviève, si elle fait de la musique comme sainte Cécile, si elle nourrit autant de ses enfants que Blanche de Castille, si elle file comme la reine Berthe, si elle tisse comme Pénélope, si elle brode comme les anciennes princesses roumaines si elle peint des livres d'heures comme Anne de Bretagne, si elle soigne les blessés comme Florence Nightingale, si elle fait des vers comme Marguerite de Navarre et comme l'impératrice Elisabeth d'Autriche, si...

Pour ce qui est du courage des femmes, je ne crois pas avoir besoin de rappeler Jeanne d'Arc, ni la fille du roi Dace, passant en guise de verrou son bras dans la porte qui fermait la dernière retraite de son père Decebal, ni les martyres, ni les mères : le courage de la femme est tout prouvé, elle n'avait pas besoin du sport pour en convaincre le monde.

Mme la duchesse d'Uzès trouve, dans une page pleine d'esprit, que le temps n'est plus aux « femmelettes de chaise longue », aux femmes « objets d'étagère »

Je ne parle pas de la courtisane pour laquelle j'ai toujours professé le plus profond mépris.

Je suis féministe, mais je le crois du moins, dans le bon sens, parce que la femme étant la gardienne du foyer, plus vous relevez la femme, plus vous élevez la famille.

Voilà pourquoi je ne crains pas, au contraire, qu'une mère, une épouse, une sœur, une fille suive plus ou moins ses fils, mari, frère ou père dans ses sports.

Voyons, une femme qui sait affronter tous les dangers pourrait-elle avoir un fils qui connaisse la peur?

La femme si savante qu'est Mme Clémence Royer plaide éloquemment la nécessité pour les femmes de se mouvoir, se remuer autant et même plus que l'homme.

Elle y gagnera en force, en santé, et même en grâce. Car la grâce suppose l'aisance des mouvements. Il faut en finir avec les molles odalisques qui passaient leurs jours, étendues sur leurs sofas, à rêver de romans réels et à faire soigner leurs vapeurs ; ainsi nommait-on, alors, ce qui s'appelle aujourd'hui des névroses.

Pour la femme comme pour l'homme, il faut : *Mens sana in corpore sano*, si l'on veut sauver la race comme qualité et quantité.

Pour M. Sully Prud'homme : « S'il faut favoriser chez les jeunes filles le développement physique, il faut s'opposer à ce que la femme emprunte à l'homme des qualités viriles qui la dénaturent et nuisent à ses charmes. »

Pour M. Marcel Prévost « la femme de l'avenir fera les mêmes choses que l'homme : sciences, arts, exercices du corps et de l'esprit ». Pour l'auteur de la *Fille de Roland* le meilleur sport pour la femme, c'est encore d'aller entendre et voir les pièces de théâtre.

M. Emile Zola est pour l'éducation mixte, pour le rapprochement des sexes et pour les sports de la femme.

Chez les médecins, comme les docteurs Pozzi, Héricourt, Max Nordau, Charcot, etc., etc., l'enthousiasme pour la femme sportive est plutôt mitigé. Ainsi, pour le docteur Héricourt, il n'y a aucun sport qui ne soit susceptible de compromettre, à quelque degré, la physiologie de la femme.

L'AUTOMOBILE AUX MANŒUVRES

Une importante expérience de mobilisation de véhicules automobiles sera faite au cours des prochaines grandes manœuvres du Centre qui se poursuivront dans la région de Chartres du 10 au 20 septembre.

Ainsi que l'avait déclaré à la tribune de la Chambre le général de Galliffet, les bureaux de l'état-major se sont préoccupés de la situation qui résulterait en cas de guerre de la substitution méthodique de la traction mécanique à la traction animale, substitution dont le résultat a été de diminuer dans de notables proportions le nombre des chevaux.

Il était à craindre que quelque jour les effectifs hippiques ne fussent insuffisants pour permettre d'assurer convenablement les services de l'intendance, transports et ravitaillements en munitions et en vivres.

*
* *

A la suite d'un essai officieux discrètement conduit lors des manœuvres de 1899 sous la direction de M. Journu, le chauffeur bien connu — baptisé le premier chauffeur militaire de France et à qui revient l'honneur d'avoir organisé l'automobile militaire — le commandant Renard fut chargé d'établir un véhicule dont les dispositions répondraient de façon satisfaisante au problème posé : « trouver la meilleure automobile de guerre ».

Le résultat poursuivi ne fut pas atteint : comme on dit, ce fut un « loup ». Et c'est sans doute pour cette raison que les bureaux de l'état-major se sont décidés à renouveler en grand la discrète expérience de 1899, en s'adressant à l'industrie privée qui a déjà fait ses preuves, si l'on considère les victorieuses démonstrations de ravitaillements automobiles faits par les trains Scotte aux environs de Paris.

Quoi qu'il en soit, aux prochaines grandes manœuvres dirigées par le général Jamont, où opéreront deux corps d'armée, l'un sous la direction du général Lucas, l'autre sous celle du général Brugère, huit camions automobiles, dont quatre à vapeur et quatre à pétrole, auront mission d'établir le service des transports de seconde ligne.

L'expérience est fort importante ; il est évidemment très intéressant de savoir quel usage il sera possible de tirer des nombreux véhicules automobiles qui circulent en France ; quelles transformations il conviendra de faire subir aux voitures actuelles, omnibus, breaks à pétrole pour s'en servir utilement ; quelles charges on pourra leur imposer ?

Si les résultats des expériences sont tels qu'on les souhaite, une organisation sera adoptée par la suite pour assurer la mobilisation et l'utilisation des véhicules automobiles en temps de guerre.

Des dépôts d'essence seront établis, comme il existe des dépôts de munitions, de fourrages et de vivres.

Comme les années précédentes, le service de l'état-major sera assuré par des voitures automobiles, pilotées par nos meilleurs chauffeurs.

C'est ainsi que le général Brugère aura à sa disposition la voiture de M. Brisson (12 chevaux) ; le général Delanne, celle de M. Hénault (12 chevaux). Antony, avec ses 24 chevaux, pilotera le général Lucas ; Girardot, avec ses 24 chevaux, pilotera le général Brugère.

M. Journu (18 chevaux), attaché à l'état-major, remplira en quelque sorte les fonctions d'inspecteur. Il sera le colonel des chauffeurs.

En même temps, un nombre considérable de motocyclistes seront mobilisés pour le service des dépêches à grande distance ; les estafettes cyclistes seront utilisées pour les communications rapprochées.

Il semble bien que les manœuvres de 1900 seront pour l'automobile ce qu'ont été en 1896 pour les cyclistes combattants les grandes manœuvres du Nord.

Espérons qu'on tirera un meilleur parti des démonstrations obtenues et que l'automobile de guerre ne connaîtra point les atermoiements invraisemblables des compagnies cyclistes toujours promises, jamais créées.

(*Vélo.*) FRANTZ REICHEL.

Les défis de Pennington.

Avez-vous ouï parler du célèbre américain Pennington, inventeur de véhicules extraordinaires, qui doivent révolutionner l'industrie des sports, et réduire à la famine les constructeurs et les coureurs de notre vieux continent.

Pennington n'est pas un homme ordinaire. Son nouvel engin est le plus merveilleux du monde entier. En homme modeste, il l'a baptisé « Torpille de guerre », et il défie l'univers sportif à un tournoi fantastique où succomberont tous ses téméraires concurrents. C'est un quadricycle au roulement dantesque qui fend l'air, boit l'obstacle et glisse invisible, en sa furia, sur les terres labourées, vallons et collines, guidon tendu vers le but à atteindre. Voici le défi de M. Pennington :

« A tous ceux qui désirent se mesurer avec M. Pennington, en Amérique, Angleterre, France ou Allemagne, ou dans n'importe quel autre pays, pour un match à courir dans l'un quelconque de ces pays, j'adresse les propositions suivantes :

« A tout véhicule mu au pétrole ou à l'essence, sur toute distance de 100 à 1,000 milles, je rendrai 15 milles par cent. En d'autres termes, ils auront à faire 85 milles pour nous 100. Aux véhicules mus par électricité ou vapeur, air comprimé ou autre pouvoir, nous rendrons 30 milles par 100.

« Si les routes sont lourdes, chargées de

sable ou de boue, très montueuses ou très raboteuses, nous augmenterons le rendement de 5 à 10 milles pour cent.

« Ce défi est valable pour soixante jours à dater du 12 mai 1900. Ces machines n'ayant pas été construites pour la course (que serait-ce alors s'il s'agissait d'un instrument de vitesse ?), mais pour la guerre, sont remarquables en mauvais terrains. J'ai moi-même marché à 30 milles à l'heure sur des champs labourés (???) et j'ai été un des six passagers de cette machine marchant à 64 milles l'heure en montée légère. »

Qu'en dites-vous, rois de la route : Charron, de Knyff, Béconnais ? Vous souriez ?

Peut-être, pensez-vous comme nous, que M. Pennington soigne fort bien sa réclame, et qu'il battra plus d'un record dans les journaux, avant d'affronter ceux que vous établissez sur la route.

L'AUTOMOBILE AU KLONDYKE

Nous avons raconté précédemment les péripéties du voyage en automobile de M. Janne de Lamare, au Klondyke. On sait qu'il dut s'arrêter à peu de distance de Dawson, les glaces étant brisées et l'auto ne pouvant pas traverser des fleuves dégelés. Aventure extraordinaire qui semble éclose en l'esprit d'un Jules Verne. Etre arrêté sur la route du Pôle Nord par la chaleur, le cas est peu banal !

Voici une interview publiée par le *Daily Alaskan*, après l'arrivée de notre aventureux concitoyen à Atlin-City.

La foule sui excitée et curieuse qui se pressait, la semaine dernière, sur le bord du lac, afin d'assister à l'arrivée du pionnier célèbre maintenant de l'automobile, ne se doutait certainement pas de toutes les peines que M. de Lamare avait eu à surmonter avant d'arriver à Atlin.

C'était une expérience, et comme pour toute innovation, on avait laissé de côté les menus faits. Dans cette circonstance, par exemple, ce voyage en automobile a eu lieu quatre semaines trop tard. Si cet essai avait eu lieu plus tôt, les neiges fondues et les fondrières n'auraient pas ralenti la vitesse de cette machine merveilleuse, et les trois voyageurs n'auraient pas mis cinq jours pour parcourir le « trail » ; il y aurait déjà longtemps qu'ils seraient ici. Cependant, M. de Lamare est très content du résultat qu'il a obtenu. « Ce n'était qu'une expérience, comme vous voyez », nous disait ce Parisien ingénieux et entreprenant. « Je voulais savoir si une automobile marcherait sur la glace, et j'ai vu avec plaisir que cela était possible.

« Nous avons tout sacrifié à la légèreté, pour faciliter la marche sur les portages, où l'on rencontre souvent des troncs d'arbres et autres obstacles. Mais c'était une erreur de notre part car nous avons rendu notre machine trop légère, et en conséquence plusieurs avaries et brisures se sont produites en route. Puis la machine est trop basse. Le brûleur comme vous voyez, ajoute-t-il en montrant avec la main un arrangement qui avait été fait sur le côté gauche de l'automobile, a été sous l'eau pendant presque toute la durée de notre voyage ; nous avons donc éprouvé les plus grandes difficultés à le tenir allumé. Je profiterai à l'avenir de l'expérience acquise et lorsque je reviendrai l'année prochaine, avec une machine plus forte et plus perfectionnée, je ne me laisserai dépasser par personne ne voulant pas que l'on puisse dire que j'ai été abattu, et que j'ai cédé à cause d'un petit accident. »

Les « chauffeurs » se composent de M. Janne de Lamare, de M. E. Crom, son secrétaire particulier, et de M. Merville qui est chargé de la direction de l'automobile. Le départ a eu lieu de Benett le lundi 9, à 5 heures du matin. M. de Lamare et le conducteur étaient assis sur l'automobile et ils partirent au milieu des « hip, hip, hurrah » de la foule. M. Crom suivait dans un traîneau et pouvait parfaitement, à notre époque d'excitation, passer pour le commissaire de l'expédition. Le traîneau contenant 10 bidons de gazoline, dont une certaine quantité devait être envoyée en avant, à White Horse, de manière à procurer à M. de Lamare une station de relai quand il se rendrait à Dawson, le restant devant être envoyé à Atlin. Le voyage fut idéal pendant les 5 premiers milles, car le « trail » était propre et facile à parcourir. Mais après ces premiers milles les choses tournèrent au tragique. Traverses de bois sur traverses, fondrières sur fondrières semblaient se multiplier à chaque pas.

On fit une halte à 15 milles de Bennett, et l'on perdit 3 heures à ajuster quelques parties basses de la machine qui avaient été faussées. Comme l'automobile ne pouvait être mise sur champ sans danger, il fallut creuser un trou dans la glace pour pouvoir remettre les choses à leur place. Ceci fut fait tant bien que mal, et le départ décidé pour Cariboo. On avait mis pour l'empêcher de geler quelques bandages de toile autour du tuyau, allant du réservoir de gazoline au brûleur. Malheureusement, la toile que l'on avait mise trop près du brûleur s'enflamma et embrasa la machine. Enfin on atteignit Cariboo, dans un état quelque peu désemparé, et le forgeron du chemin de fer de la White Pass fut obligé d'entrer en scène. Nous restâmes là deux nuits. Le matin suivant nous fîmes 15 milles en 55 minutes, lorsque nous atteignîmes le traîneau, ce qui nous permit de remplir notre réservoir de gazoline. Trois milles avant Golden Gate, il commença à pleuvoir, ce qui nous fit marcher sur la glace dans un pied d'eau et finalement eut pour résultat d'éteindre le foyer, ce qui rendit notre marche très pénible puisqu'il fallut pousser l'automobile pendant une bonne partie du chemin jusqu'à Golden Gate.

Nous passâmes la nuit dans ce dernier endroit, et le matin suivant, à huit heures, nous partîmes pour Taku-City, où nous arrivâmes en une heure. Là, nous restâmes jusqu'au 5, dans l'après-midi ; nous quittâmes cet endroit pour traverser le portage. Pendant que nous le traversions, il survint un nouvel accident à l'automobile, qui retarda notre arrivée à Atlin, jusqu'à 9 heures 30 du soir ce samedi-là.

Quelques petits détails de la machine ont été perdus en route. Parmi ceux-ci se trouvait une plaque. On remplaça cette pièce, par un morceau du talon d'une des bottes en caoutchouc de M. de Lamare.

A Atlin, l'automobile fut soigneusement examinée et réparée, et mise une fois de plus en état de faire le voyage jusqu'à Dawson, où M. de Lamare, qui pensait partir aujourd'hui, a toujours l'intention de se rendre. Il y restera pendant huit jours environ, il inspectera ses propriétés et retournera de là à Atlin ; cette ville lui servira de quartier général pour ses opérations futures. M. Crom restera à Atlin pendant le prochain voyage à Dawson.

Bonne chance à M. de Lamare.

LES SPORTS A L'ÉTRANGER

Le khaki est la couleur à la mode, en Angleterre et ailleurs, il n'est question que de khaki et de khakistes. Qu'est-ce que le khaki, d'où vient-il, que vaut-il ? Voilà ce qu'on sait moins.

Il paraît que le mot khaki est une importation du langage hindou, où il signifie : poussière. On dit que le khaki fera fureur toute la saison ! Puisse-t-on dire vrai. Poussière, en somme c'est le synonyme — désagréable — de beau temps, elle nous changerait de la boue coutumière. Vive donc le khaki !

Et pourtant les hygiénistes sont anti-khakistes ! Le khaki est un tissu de coton et de chanvre qui convient aussi peu que possible aux athlètes, et même à tous ceux qui font de l'exercice. Mecredy, l'ex-champion grand touriste, va même jusqu'à le déclarer d'usage dangereux aux cyclistes, et fait le vœu « que le port de cette étoffe à la mode soit restreint aux quelques snobs qui ont horreur du mouvement ».

En attendant, tous hygiénistes nonobstant, le khaki triomphe de l'autre côté de la manche. Les cyclistes anglais, dans leur désir puéril de copier le soldat et de manifester leur jingoïsme, ont arboré la « hideuse couleur ». Ils ne se doutent pas qu'ils encourent ainsi les sévérités des justes lois et doublement : d'abord parce que le khaki est une étoffe exclusivement réservée aux soldats par les règlements militaires ; ensuite parce que le fait même de cette première contravention expose le délinquant à une nouvelle infraction, éventuelle mais autrement grave : les porteurs de khaki risquent d'amoindrir par quelque chute ridicule le prestige de l'uniforme britannique.

En ce qui concerne la largeur des grandes voies, Londres, malgré ses quatre ou cinq millions d'habitants, est restée notablement en retard sur toutes les grandes villes d'Europe et d'Amérique. Le Strand ne mesure que douze à quinze mètres de largeur ; Piccadilly, seize a dix-sept mètres ; Charing Cross Road, dix-huit mètres ; Northumberland avenue, vingt-quatre mètres. Seul White Hall, qui conduit de Trafalgar Square au Parlement, se vante d'avoir trente-huit mètres de large, largeur dépassée par l'avenue de l'Opéra et maintes de nos nouvelles voies.

Si respectueux qu'ils soient des vieux us, nos voisins les Anglais commencent à trouver que la législation plus que séculaire au nom de laquelle on leur impose la limite de douze milles à l'heure, est un peu bien surannée, et ils se révoltent.

A propos du Tour de l'Angleterre par les automobiles qui eut surtout pour objet l'éducation de l'opinion publique, le bon cycliste-chauffeur Bidlake écrit : « Oh non, ce n'était pas une course ! Mais pour une imitation de course, c'était une imitation parfaite... on a respecté le règlement dans les villes... mais entre les villes ? Et peut-on respecter une loi qui est un aussi absurde anachronisme ?

« Il y a cent ans, des diligences sans frein, chargées de voyageurs, tirées par des animaux qui n'étaient que sous le contrôle nominal du cocher, allaient plus vite que cela sur des routes plus fréquentées qu'aujourd'hui. Souffrirons-nous qu'on nous limite aux douze milles à l'heure constitutionnels, quand les chevaux disparaissent, que le pouvoir infatigable de douze d'entre eux, et des meilleurs, tient dans les flancs de notre voiture, et que ce pouvoir obéit à la touche légère d'une femme, que la voiture roule sur du velours, qu'on la dirige à une épaisseur de cheveu près où l'on veut, qu'on l'arrête dans une fraction de seconde ? Eh bien, non ! »

De Newport au « New-York Herald » :

« Le grand public comme la bonne société ont également approuvé l'initiative du professeur Alexandre Agassiz qui, il y a quelques jours, déposait une plainte en règle contre M. W. K. Vanderbilt pour avoir passé en automobile avec la vitesse d'un train sur le grand boulevard qui longe la mer (Océan Drive).

« Cet exemple a porté. A la réunion d'hier soir du conseil municipal, une pétition, signée par cinquante contribuables, a été remise, demandant qu'une ordonnance intervienne pour protéger le public contre les excès de vitesse des « chauffeurs » ; les pétitionnaires demandent que les chauffeurs soient tenus de prendre licence tout comme les cochers.

« Une réglementation de ce genre rencontrera une certaine opposition. On fait remarquer qu'il est difficile d'exiger une prise de licence de baigneurs qui, occasionnellement, voudront faire une promenade en automobile.

« Il y aura, d'ailleurs, une centaine de machines cet été à Newport. »

* * *

On reproche quelquefois à notre sport une certaine monotonie. Les spectacles qu'il nous offre manquent un peu de variété. C'est donc un plaisir de signaler une nouveauté, à la fois pittoresque et sportive, comme celle qui nous arrive aujourd'hui, « via » Angleterre, du Canada et de l'Australie.

Il s'agit d'une course-poursuite. Dans celles que nous avons vues, deux hommes ou deux équipes étaient aux prises, sur une distance X, pour un temps X. La lutte cessait lorsqu'un des deux adversaires était rejoint ou abandonnait. Au bout de quelques tours, le plus souvent, c'était couru, mais, ce n'était pas fini, hélas ! pour les acteurs qui s'y épuisaient, hélas ! pour les spectateurs qu'ils ennuyaient.

Rien de pareil ici: le nombre des partants est théoriquement illimité; on les échelonne sur la piste à des intervalles égaux. Tout concurrent dépassé se retire, celui qui l'a dépassé continue sa chasse à l'homme devant lui, et ainsi de suite, jusqu'à ce que la limite de temps fixée pour l'épreuve soit atteinte. Le vainqueur est alors celui qui a mis hors de combat le plus grand nombre d'hommes. En cas d'égalité, une épreuve entre les ex-égaux, épreuve d'un tour, par exemple. Après le classement. Rien de plus simple, on voit.

Ce genre de course, très vivant, très mouvementé, est en même temps très sportif. Il montre ce qu'un homme livré à lui-même peut faire, sans le secours d'un entraîneur, bouclier et pompe, et il abolit la fâcheuse attente, car la moindre vélléité de ce qu'on a baptisé « travail de tête » (head work) permet à l'homme de derrière de vous rejoindre, et, après avoir profité de votre abri une seconde, rien qu'une, de vous brûler la politesse et vous mettre hors de jeu.

Par là on devine que cette course, n'est pas l'aveugle effort du muscle sans l'esprit. Elle exige au contraire du jugement et de l'adresse, le sens de l'à-propos, autant que du courage et de la force.

*
* *

Remarquez que ce n'est pas *bluff* de théoricien. L'expérience a été faite. M. Sturmey parrain de cette course-poursuite en Angleterre (et à qui nous devons quelques-uns de ces renseignements) l'a vue fonctionner à Montréal avec un plein succès. Là, les concurrents étaient des tandems, le nombre des équipes étant limité à cinq. Mais rien n'oblige à restreindre l'épreuve à ce chiffre et à ce type de machine. L'Australie a devancé le Canada dans cette voie, et il y a beaux jours qu'aux antipodes la course-poursuite à bicyclette, avec nombreux partants, fait fureur. Les Anglais qui ne sont pas des inventeurs, mais à qui l'on ne déniera pas le sens sportif, et qui savent prendre leur bien où ils le trouvent emboîtent aujourd'hui le pas à leurs colonies. La première course-poursuite à l'australienne s'est disputée dernièrement sur la piste d'Aston à Birmingham.

*
* *

L'ambassadeur du Céleste Empire aux Etats-Unis est un fervent de l'automobile. Séduit par les avantages de la nouvelle locomotion, il a commandé à une fabrique de New-York une voiture de 10 chevaux dont il a tenu à dessiner lui-même la carrosserie.

C'est un phaéton à quatre places, peint en jaune intérieurement et extérieurement, pneumatiques aux roues, dais pouvant se démonter et coffre à provisions de respectables dimensions, telles sont les caractéristiques de la voiture de S. E. Wu Ting Fang.

En attendant qu'elle sorte de chez le carrossier, l'ambassadeur se perfectionne dans la conduite des automobiles et consacre à des promenades aux environs les loisirs que lui laisse la politique.

Pour l'instant, elle ne doit pas lui en laisser beaucoup.

*
* *

Très hardies et très justes sous leur forme ironique ces quelques réflexions que je cueille dans l'« Irish Cyclist » sur le véritable rôle du cycle dans l'armée.

« L'erreur qu'on a commise, c'est d'attacher les corps cyclistes à des bataillons d'infanterie. Pour donner toute leur mesure, les cyclistes doivent former une section complète, indépendante, et se suffisant à elle-même. Nous comprenons l'embarras du War Office devant ces étranges créatures qui ne peuvent se classer avec les chevaux, les hommes à pied, l'artillerie, voire l'infanterie montée. Faute de mieux, on les a fractionnés en petits détachements adjoints aux régiments d'infanterie.

« Il y a mieux à faire des cyclistes. Ils ont conscience qu'avec leurs cycles ils possèdent un pouvoir unique, et pour l'utiliser, ils doivent constituer une arme à part, avec une mission bien définie. Ah, sans doute, ils ne peuvent pas charger comme la cavalerie, tirer de lourds canons comme l'artillerie, former des masses énormes comme l'infanterie. Mais, avec les conditions de la guerre moderne, on peut trouver à leur vitesse un emploi multiple. »

AÉROSTATION

Le capitaine Spelterini, l'aéronaute bien connu, s'apprête à faire sa cinq cent neuvième ascension dans des conditions particulièrement émouvantes.

Il compte, en effet, partir du Righi-First, à 1,456 mètres au-dessus du niveau de la mer: jamais aucune ascension ne s'est faite à pareille hauteur. Déjà, 250 tubes d'hydrogène pur à la pression de 125 atmosphères, destinés au gonflement du ballon « Le Jupiter », sont arrivés de Lucerne, à l'hôtel du Righi-First, à côté duquel M. Spelterini a fait aplanir une aire suffisante, à l'abri des coups de vent. Le reste du matériel est sur le point de partir de Paris, pour être transporté à destination par le chemin de fer à crémaillère Arth-Righi-Bahn.

Le départ aura lieu vers la fin du mois de juin ou au commencement du mois de juillet, aussitôt que les conditions atmosphériques s'y prêteront.

Une Ascension aérostatique.

M. Cailletet a raconté, à l'Académie des Sciences, les péripéties d'une ascension aérostatique mouvementée qui a été effectuée le 17 juin dernier par le lieutenant de vaisseaux Genty, commandant le parc aérostatique de Toulon, et MM. J. Balsan et L. Godard.

Le départ du ballon le *Saint-Laurent*, aérostat de 2,250 mètres cubes et gonflé au gaz d'éclairage, eut lieu à 4 heures 45 minutes, à Vincennes, à l'occasion du premier concours d'aérostation de l'Exposition de 1900.

Les voyageurs emportaient 435 kilogrammes de lest disponible et de lest en sus dans des sacs scellés qu'ils devaient rapporter ; le ballon était handicapé, comme faisant partie d'un concours de durée pour ascension en ballons libres.

Le vent était faible ,de 12 à 15 kilom. à l'heure. La direction oscillait entre NNO et NNE.

Au bout de quelques minutes, l'aérostat atteignit 500 mètres. Le temps était légèrement brumeux. Les dépenses de lest pour se maintenir en navigation normale étaient assez fortes ; aussi profita-t-on de la première tendance du ballon à descendre pour régler cette descente et naviguer au guide-rope, à une centaine de mètres au-dessus du sol.

C'est dans ces conditions qu'on vit arriver la nuit, vers sept heures trente. On était en ce moment au-dessus de Milly (Seine-et-Marne), marchant avec une vitesse d'environ 18 kilomètres.

A huit heures du soir, l'horizon commença à se couvrir de nuages. A partir de ce moment, à cause de l'obscurité, on ignora à peu près complètement où l'on se trouvait.

A dix heures, le temps devint menaçant; on jugea alors dangereux de rester à une altitude où les phénomènes électriques se manifestaient d'une manière intense et l'on revint à la navigation au guide-rope. L'orage éclata bientôt après.

Pendant six heures consécutives, les voyageurs ne cessèrent de s'avancer au milieu d'une tempête dont le ballon semblait être le jouet.

A une heure quinze du matin, l'aérostat fut pris dans un tourbillon ascendant qui l'emporta brusquement dans la région des nuages à l'altitude de 1,000 mètres.

La lueur des éclairs permettait heureusement de reconnaître ce mouvement à l'aide du baromètre, alors que les fragments de papier jetés par dessus bord semblaient, au contraire, indiquer un mouvement descendant du ballon Trois coups de soupape furent donnés pour venir reprendre contact avec le sol. Le spectacle était des plus impressionnants, mais on comprend aisément qu'il tardait aux voyageurs de voir arriver le jour.

A trois heures du matin, après une légère accalmie, l'orage reprit plus intense encore, et les coups de tonnerre succédant immédiatement à l'éclair, les aéronautes se sentirent oppressés, sans doute par la tension électrique qui existait autour d'eux.

L'orage se termina vers quatre heures par trois coups de tonnerre violents, qui leur causèrent une impression physique désagréable, car leurs chèveux et leur barbe semblaient se hérisser douloureusement.

Bientôt l'orage cessa, le soleil parut et ils purent reprendre sans crainte leur navigation normale, jusqu'à complet épuisement du lest. Après être monté jusqu'à 3,900 mètres, ils atterrirent le lundi matin, à 10 h. 45, à Boussac (Creuse).

Les courses de ballon à l'Annexe du Bois de Vincennes.

La seconde course qui a eu lieu était en *hauteur*. Les prix devaient être décernés aux trois aéronautes qui auraient atteint la plus grande altitude, constatée par un baromètre enregistreur. Les chiffres marqués doivent être corrigés pour tenir compte des variations de pression barométrique et de température, ce qui nécessite d'assez longs calculs. On peut dire que le premier prix appartient à M. Blaans, capitaine du ballon *Saint-Louis* qui, après trois ou quatre heures de voyage, est descendu à la Fère-Champenoise. Il a obtenu l'altitude de 5,500 mètres; aucune altitude n'approche de la sienne. Elle est considérable, si on la compare à celles que l'on obtient dans les ascensions ordinaires, mais très modérée en présence des trois ascensions dans lesquelles M. Berson est parvenu au delà de l'altitude de 8,000 mètres.

Ce sont les seules altitudes authentiques. Hâtons-nous d'ajouter que les altitudes obtenues par M. Berson l'ont été avec de très gros ballons et le concours du gaz hydrogène. Au contraire, le comité exécutif de Vincennes ne s'est préoccupé que d'égaliser les chances entre les huit concurrents, qui tentaient la fortune de l'air. On les a obligés à emporter sous scellés un poids plus ou moins grand de sable qu'ils ont été obligés de conserver sous peine d'être disqualifiés.

Il est bon de remarquer que le ballon de M. Blaans était le plus gros de tous; il cubait 2,300 mètres, c'est-à-dire 4 ou 500 de plus que le plus gros des sept autres. M. Blaans était accompagné de M. Eugène Godard.

Plusieurs des concurrents ont commencé par passer la nuit en l'air et ont tenté leur ascension finale après le lever du soleil pour profiter de la chaleur que l'astre répand dans l'atmosphère. Le comte de la Vaulx, qui dirigeait l'*Aéro-Club*, du cube de 1,616 mètres, était du nombre. Il est descendu à neuf heures du matin près de Emden, dans le Hanovre. Il n'est parvenu qu'à l'altitude de 3,700 mètres, à cause de la neige et de pluies torrentielles. Mais il avait obtenu de remplacer une partie notable de son lest *sous scellés* par une riche collection d'instruments de physique, maniés par M. Vallot, le savant directeur d'un des deux observatoires français du mont Blanc. Il restera donc de cette longue course atmosphérique des observations fort intéressantes.

En somme trois ballons sont descendus dans les environs d'Epernay, à quelques minutes de distance.

Les concurrents qui se sont élevés au-dessus de 3,000 mètres ont dû respirer de l'oxygène, dont ils avaient fait provision.

Le départ en ballons avait été précédé par des lancers de pigeons auxquels ont pris part 3,000 oiseaux appartenant à des colombiers dont les extrêmes sont Bordeaux et Agen. A eu lieu aussi un lancer-spectacle de 5,000 pigeons. Les opérations ont été dirigées par M. Derouard, président de la fédération des sociétés colombophiles de la Seine.

L'AÉRONEF DU COMTE ZEPPELIN

Le comte Zeppelin est un ancien officier allemand retraité qui, assistant en 1897, près de Berlin, au lancement d'un ballon de genr eassez particulier, construit par un Autrichien nommé Schwartz, trouva des plus ingénieux le principe suivant lequel cet aérostat avait été construit et, dès lors, il résolut de chercher dans cette voie et si possible de faire mieux.

Il creusa l'idée puis se mit en campagne. Il prôna son projet avec une telle foi qu'il réussit à convaincre les plus sceptiques et les plus incrédules. Chose extraordinaire, quand on pense qu'il s'agit d'un problème aussi aléatoire que la conquête de l'air, il trouva des actionnaires qui lui souscrivirent la moitié de la somme nécessaire à son entreprise. Lui-même fit, paraît-il, l'autre moitié du capital, un assez gros capital, puisque les dépenses de construction ne furent pas évaluées à moins de un million deux cent cinquante mille francs.

Le champ d'expériences choisi fut le lac de Constance qui, avec sa nappe liquide de cinq cent kilomètres carrés d'étendue, devait atténuer les risques d'accident lors des épreuves d'essai.

Il y a un an environ que l'on s'est mis à la construction de l'aéronef. Elle est, aujourd'hui, complètement terminée et a fait ses premières sorties.

Tout d'abord, on éleva, au milieu du lac, un immense hall bâti sur pontons, et, au centre de cette construction, on disposa un autre ponton flottant pour servir de support à l'aéronef.

Supposez un immense cigare en métal de 17 mètres de long sur 11 mètres de haut et vous aurez une idée de la partie principale de l'aéronef. Formée d'un treillis enchevêtré de minces tiges d'aluminium et d'acier, la trame en est assez délicate. A l'intérieur de cet énorme cylindre sont ménagés dix-sept compartiments dans lesquels sont logés autant de ballons ordinaires, que l'on gonfle également par les procédés ordinaires, au moyen du gaz hydrogène.

Et cependant, là encore, l'inventeur a, paraît-il, appliqué une trouvaille personnelle : l'enveloppe, d'ailleurs d'une seule éppaisseur de ces ballons, est constituée par un tissu particulier en coton, rendu imperméable par un enduit de gutta-percha.

L'instrument moteur de l'aéronef, adapté à une des extrémités de l'appareil, est un propulseur en aluminium qui, avec ses quatre palettes, déplace suffisamment d'air pour mettre toute la machine en mouvement. Mais pour cela il faut constamment une rapidité de révolution, suffisante et par conséquent une force motrice.

Celle-ci est fournie par deux moteurs Daimler de quinze chevaux-vapeur et pesant chacun 195 kilogrammes. Il sont placés sur une espèce de plate forme appendue sous le tube en aluminium que nous avons décrit. C'est sur une plate-forme également que prennent place les aéronautes, et c'est encore le long de cette plate-forme qu'est disposé un des rouages essentiels, quoique bien simple de la machine. C'est un poids de 25 kilogrammes qui, glissant le long d'une tringle, déplace le centre de gravité de l'aéronef. Pour une ascension on déplacera le poids vers l'arrière et l'aéronef montera obliquement ; veut-on atterrir, on portera le poids en avant et tout l'appareil s'infléchira du même côté.

Reste la question de la direction. Ses organes sont représentés par trois ailes ou palettes de quatre mètres carrés que l'on peut actionner directement de la plate-forme. Deux de ces palettes, disposées l'une à l'avant et l'autre à l'arrière, donnent la direction horizontale ; une troisième logée sur le flanc de l'aéronef, donne la direction verticale.

Tout cela, comme l'on voit est assez compliqué et assez délicat, mais en pareil cas le succès justifie tout.

UN RAID PÉDESTRE

Le caporal Néel et le soldat de première classe Deutch, de la 8e compagnie du 156e régiment d'infanterie en garnison à Toul, ont entrepris de faire, en tenue de campagne, avec le sac à l'ordonnance, fusil et tout l'équipement, une course à pied de 110 kilomètres.

Partis du quartier un samedi à six heures, ils ont passé par Dieulouard, Pont-à-Mousson, Nomeny, Agincourt, Dommartemont. Là, un petit accident arrivé au soldat Deutch (une foulure au pied) empêcha le vaillant pédestrian d'achever la course qu'il eût certainement terminée après avoir si bien fourni 86 kilomètres.

Le caporal Néel, seul, acheva le parcours après un repos d'une heure et demie pris dans le haut de la côte qui sépare Agincourt de Dommartemont ; il passa ensuite par Nancy, Gondreville. Il était de retour à Toul le dimanche à 7 h. 20 du soir, après avoir parcouru 113 kilomètres

Le soldat Demonchy de la 8e compagnie a suivi debout en bout les marcheurs sur sar bicyclette et a pu certifier l'exactitude de cette belle performance.

Concours internationaux d'exercices physiques et de sports.

L'Automobile-Club de France publie le programme des courses et concours qu'il à organisés à l'annexe de Vincennes sous la haute direction de M. Alfred Picard, commissaire général. Après le concours de motocycles (section VII) qui a eu lieu à Vincennes du 18 au 23 juin et qui comportait, comme récompenses, un objet d'art par dix motocycles de systèmes différents, une médaille de vermeil, une médaille d'argent et une de bronze. Nous allons avoir le concours de fiacres automobiles, de la même section, qui devra avoir lieu les 7, 8, 10 et 11 août ; les engagements pour ce concours seront reçus jusqu'au 4 août. Un jury nommé par le commissaire général de l'Exposition répartira les récompenses suivantes entre les véhicules qui seront reconnus présenter les conditions requises pour le service urbain, à savoir : trois objets d'art, trois médailles de vermeil, trois médailles d'argent et trois de bronze. Ce jury sera chargé, en outre, de dresser un rapport indiquant le prix de revient journalier de la traction de chaque voiture et la régularité du service : il donnera son appréciation sur l'élégance d'aspect, le bruit du véhicule et la commodité des voyageurs. Ce rapport sera communiqué à la Société des ingénieurs civils de France et aux divers automobile-clubs de l'étranger.

CONTRE LE MAL DE MER

Voici qui vaudra à son inventeur, si toutefois l'expérience confirme la théorie, les bénédictions de tous les voyageurs :

Le docteur Dutremblay, qui, avec l'aide du docteur Perdriolat, médecin de la Compagnie générale transatlantique, a repris et complété les essais tentés sur le traitement du mal de mer, annonce qu'il est arrivé à la solution demandée en prescrivant aux malades des inhalations d'oxygène pur sous pression.

D'après lui, les déplacements profonds et subits de la masse viscérale et la contraction du diaphragme, causes principales du malaise, amènent les manifestations secondaires : migraines, vomissements, refroidissements, etc...

Dans ces conditions, l'emploi de l'oxygène est parfaitement justifié. Des nombreuses observations prises par lui; il résulte que ce gaz inoffensif agit le plus souvent et soulage rapidement; les nausées et les vomissements cessent, un sentiment de bien-être se fait sentir, auquel succède une période de calme et de sommeil. Enfin, la respiration incomplète et fréquente se régularise, le pouls remonte et la céphalalgie disparaît.

Les malades doivent faire de longues et profondes inhalations bien rythmées ; 30 à 40 suffisent, on recommence selon les besoins. Il est utile de faire ces inhalations par la bouche seulement en fermant les narines de façon à ne respirer que de l'oxygène.

L'odeur des sacs de caoutchouc étant souvent désagréable, rien n'empêche de renfermer ces gaz dans des tubes en acier de capacités variables.

Le sérum antialcoolique.

La question du sérum antialcoolique est de nouveau discutée.

Le docteur Papelier, on se le rappelle, a, dans un premier travail fait en collaboration de Broca, pharmacien, et du docteur Thébault, établi expérimentalement « que le cheval soumis à l'absorption quotidienne et de bon gré de doses modérées d'alcool, fournit, au bout d'un temps relativement court, un sérum qui, injecté à des animaux habitués à prendre de bon gré des doses non mortelles d'alcool, rend ces animaux réfractaires a cette absorption ».

A l'appui de ce fait expérimental il présente une série d'observations portant sur des buveurs ou des alcoolomanes qui ont été traités par lui suivant cette méthode. Ces observations comportent 57 cas qui se décomposent de la façon suivante :

Echecs, 17, dont 4 par inconstance et 13 par tares diverses constatées à l'examen préalable des sujets et considérées dès lors comme conditions défavorables.

Améliorations, 8, dont 4 malgré l'inconstance et 4 malgré des tares limitant l'action du sérum.

Succès, 32.

Il donne à son travail plusieurs conclusions dont nous relevons les principales :

1° L'action du sérum antialcoolique, ou antiéthyline, ne peut être attribué à l'imagination ni à la suggestion parce que, parmi les succès, certains sujets ont ignoré la raison et la nature de leur traitement, parce que les hystériques, les neurasthéniques et les suggestionnables figurent tous dans les échecs ou tout au plus dans les améliorations.

2° L'action du sérum antialcoolique est uniquement physiologique et consiste en un réveil des actes réflexes dont l'ensemble constituait primitivement le dégout instinctif de l'homme pour l'alcool. Le sérum actionne l'économie en excitant les divers appareils à agir contre les effets du toxique comme aussi en agissant sur la circulation, sur la nutrition, etc. Il rétablit l'habitude première nature physiologique, au lieu de l'habitude seconde nature, résultat de l'éducation, perversion du goût à l'égard de l'alcool. Le sérum antialcoolique refait de l'alcoolomane un instinctif.

Les mêmes phénomènes se produisent, mais plus lentement et plus difficilement, à l'égard du vin, ce qui s'explique par la faiblesse relative du vin en alcool et par la tare résultant des désordres produit par le vin sur l'appareil digestif.

Le Cercle du Bois de Boulogne

Le Cercle du Bois-de-Boulogne a été inauguré. On appelle « Cercle du Bois-de-Boulogne », l'ancien Cercle des patineurs, où le prince de Sagan avait organisé, ces dernières années, des fêtes qui réunirent sur la pelouse de Madrid le Tout-Paris mondain. Et l'on n'a pas oublié non plus l'histoire des arbres coupés qui fit si grand bruit il y a quelques années.

Le Cercle du Bois de-Boulogne a été réorganisé par le baron Gourgaud, qui devient président du comité où figurent MM. le comte de Sainte-Aldegonde, Desgenetais, baron de Tavernost, comte de Sachs, Maurice Faure, André Pinard, de Bioncourt et Georges Heine.

Les nouvelles constructions sont très élégantes. D'abord un pavillon avec tribunes et terrasse, dominant la pelouse où s'achève l'installation du tir aux pigeons ; à l'extrémité de la pelouse, un petit bosquet avec ruisseau et installations champêtres, puis emplacement réservé au jeu de crocket, et enfin terrain de tennis pour quatre jeux, entouré d'un treillage de fil de fer et macadamisé, avec sillons qui marquent les camps. Près de l'allée des Acacias, un terrain réservé au tir à l'arc que les membres du cercle s'efforceront de remettre en faveur.

Le pavillon du tennis est une construction, genre Trianon, de décoration intérieure style Louis XV. D'abord un salon de conversation, avec trois fenêtres sur la pelouse du tennis, puis à droite, l'aile des hommes, et à gauche l'aile des dames : cabinets de toilette, cabines réservées aux joueuses pour les costumes, cabines d'hydrothérapie, etc.

La fête d'inauguration a été très brillante. L'emplacement du tennis était entouré de sièges où ont pris place les invités du cercle. Il y avait de fort jolies toilettes, et le coup d'œil de la pelouse était ravissant. Les parties de tennis ont été très disputées.

ESCRIME

Les tournois d'épée professionnels de l'Exposition dont les péripéties se sont déroulées sur la terrasse du Jeu de paume, aux Tuileries, ont pris fin par la victoire du jeune professeur Ayat et par un incident qui prouve que l'escrime n'adoucit pas les mœurs.

A la suite d'une discussion, des mots aigres-doux, plutôt aigres que doux, furent échangés entre M. Thomeguex, membre du jury, et un concurrent malheureux, M. Deprey, de Vevey (Suisse).

Tout d'abord l'affaire s'arrangea et après un échange de témoins une loyale réconciliation publique s'ensuivit; lorsqu'à une nouvelle réunion, le professeur helvétique surgit, et, brusquement, assaillant M. Thomeguex, le frappa violemment.

Pour un peu les spectateurs lynchaient l'irascible agresseur; les collègues de M. Thomeguex firent mieux et dans un procès-verbal durement motivé, ont exécuté M. Deprey, le déclarant indigne de participer désormais à toute manifestation d'escrime, assauts ou concours.

On peut trouver le procédé de M. Deprey digne d'être blâmé, mais il nous paraît que les amis de M. Thomeguex ont outrepassé leurs droits en faisant de son adversaire un *outlaw* de l'escrime.

En effet, il n'est permis à personne d'oublier l'attitude anti-sportive, brutale et inqualifiable de M. Thomeguex, vis-à-vis du maître Pini, qu'il a outragé et provoqué dans des conditions assez semblables à celles de son différend avec M. Deprey.

Ou M. Thomeguex s'est disqualifié en l'occurrence et alors que faisait-il à ce dernier tournoi? Ou sa conduite répréhensible n'a pas été blâmée par ses collègues, et alors que viennent-ils, pour le même fait, disqualifier un professeur dont le caractère loyal est estimé de tous ceux qui l'ont approché?

Est-ce la concurrence?

Les Chemins de Fer

Leurs abus.

Nos puissantes Compagnies de chemins de fer ne paraissent pas se douter que les voyageurs sont dignes de quelque attention. Un service permanent de « passes gratuites » à messieurs les journalistes, le transport non rétribué de nos députés et la garantie d'intérêt de notre Trésor suffisent à leur morgue.

La ligne P.-L.-M. se refuse encore à faire désinfecter les wagons qui servent aux phtisiques, transportés par milliers, chaque année, sur la rive d'Azur; l'Orléans taille, rogne sur l'horaire des trains avec une insouciance toute administrative.

Mais de toutes, la Compagnie de l'Ouest détient le record des abus. Elle fait chanter, dans les journaux, les extraordinaires tours de force accomplis pour le transport des voyageurs en ce temps d'Exposition; elle étouffe les accidents nombreux qui se produisent; elle ne paraît pas se douter que ses abonnés et ceux qui se fient à l'indicateur Chaix ou Dupont, prétendent partir et arriver aux heures indiquées. Dans toute la banlieue Ouest, desservie par ce réseau, c'est une clameur ininterrompue. On réclame, on pétitionne. Peine perdue!

La Compagnie envoie des *communiqués* aux journaux, qui insèrent des sornettes de ce genre:

Cet énorme mouvement, inconnu jusqu'ici, a été assuré avec une habileté et une expérience qui font *grand honneur* à la Compagnie et à son personnel, dont la lourde tâche, avec le service si chargé de l'Exposition, ne fait que commencer.

Du reste, l'archiduc Ferdinand d'Autriche qui, avec sa haute intelligence des questions de transport, a tenu à se rendre personnellement compte de ce mouvement en stationnant pendant une partie de la journée du dimanche de la Pentecôte à la gare Saint-Lazare, a traduit ainsi son impression au chef de gare principal de Saint-Lazare auprès de qui il n'avait cessé de se renseigner: « C'est magnifique! »

Dernièrement, de hauts fonctionnaires de cette Compagnie fêtaient, la coupe en main, le lancement d'un nouveau steamer devant faire le service de Dieppe à Newhaven. Et nos bons journaux d'exulter : « Cette puissante Compagnie que... « ces extraordinaires chefs de service qui..., etc. »

Huit jours auparavant, par une belle mer, calme et sereine, un vieux bateau de l'Ouest, faisait en *sept heures* cette traversée que notre inimitable Compagnie annonce devoir durer *trois* heures et demie ! Le bateau était vieux, l'hélice abimée et la machine essoufflée.

Si bien que des voyageurs, après avoir payé leur transport en deuxième ou première classe, les passagers de troisième classe ne voyagent que la nuit ! — sont arrivés à 10 heures, avec *trois heures* de retard.

Qu'importe ! Faut-il dire avec l'archiduc Ferdinand : « C'est magnifique ! » ou bien : « C'est déplorable et ridicule » ?

J.-K.

LA PÊCHE

Si le poisson a beaucoup de malice, il n'a pas, en effet, moins de gourmandise, et c'est à ce vice que s'adressent les amateurs adroits pour capturer la gent frétillante. Un appât bien employé peut souvent tenir lieu d'expérience et d'habileté. Des appâts, il faut des appâts, et nos grands-pères le savaient bien qui, pour attirer le poisson sur certains points de la rivière, employaient les ingrédients les plus compliqués et les plus étranges.

Lisez-le dans un ouvrage intitulé : les *Amusements de la campagne*, édité en 1702, chez Claude Prud'homme, *au Palais, au sixième pilier de la grand'salle vis-à-vis la montée de la cour des aides, à la Bonne Foy couronnée.* Parlant de la pêche, l'auteur s'exprime avec une naïveté dont on goûtera tout le charme :

« Avant de parler de la manière de tendre « toutes sortes de filets, il est bon de dire quelque « chose des secrets qu'on a inventés pour « amasser le poisson dans l'endroit où l'on veut « les tendre ; car, sans poisson, c'est une peine « inutile qu'on se donne de vouloir pêcher. »

Et voici le premier des fameux secrets :

« On dit que pour attirer du poisson, il faut « prendre du suc de joubarbe, le verser sur de « l'ortie et de la quinte-feuille qu'on pile dans un « mortier ; ensuite s'en frotter les mains et jeter « le marc dans l'eau. »

Autre recette :

« Les personnes qui font profession de pêche « se servent, pour attirer les poissons, de vers « luisants distillés à feu lent dans un vase de « verre jusqu'à ce que l'eau en soit tout évaporée. « Ils prennent cette eau, ils la mettent « dans une petite fiole de verre, ils y mêlent « quatre onces de vif argent, et bouchent cette « fiole de façon que l'eau ne puisse entrer ; puis « ils la jettent dans la rivière, à l'endroit qu'ils « ont choisi. »

Ce n'est pas tout. Comment s'y prendra-t-on pour pêcher les poissons à la main. C'est très simple.

« Frottez vos mains de suc de joubarbe, « d'*orties* et d'ail et les mettez avec tout le jus « dans la rivière ; ou faites une onction de feuilles « de votre joubarbe, de baume domestique et « sauvage, cuites dans de la graisse de cheval, « en consistance d'onguent pour s'en frotter les « mains, et vous verrez l'effet. »

Mais voici le plus beau et le plus extraordinaire de tous ces secrets :

« Pour attirer le poisson dans le filet ou dans « la nasse, dit notre auteur, trempez un drapeau « dans le sang d'un homme, mêlé avec de la « farine d'orge, et mettez le drapeau dans le filet ; « les poissons s'y amasseront en grand nombre. »

Et voilà les pêcheurs édifiés. Nous ne leur recommandons spécialement aucune des recettes divulguées par notre vieux confrère ; qu'ils choisissent eux-mêmes !

VARIÉTÉS

L'Académie des Sciences a nommé, à la presque unanimité des suffrages, correspondant pour la section de médecine et de chirurgie, le docteur Zambacco pacha, de Constantinople.

Ancien interne des hôpitaux de Paris et ancien chef de clinique médicale du professeur Grisolles, le docteur Zambacco pacha est membre associé national de notre Académie de médecine.

Il est universellement connu dans la science pour ses magnifiques travaux ayant trait la plupart à la pathologie interne, à la dermatologie, aux maladies infectieuses et notamment à la lèpre et aux diverses formes de cette affection dont il a fait une étude magistrale.

*
* *

Connaissez-vous le télégraphone ? C'est un dispositif dû à M. Poulsen, de Copenhague, qui permet d'enregistrer et de transmettre la parole.

L'idée de M. Poulsen consiste à traduire la vibration de la parole par une variation correspondante de l'aimantation transversale d'un fil.

Un petit électro-aimant commandé par le parleur d'un téléphone produit ces aimantations et le même électro-aimant les recueille ensuite pour les transmettre au récepteur téléphonique.

*
* *

Le dernier numéro de la « Chronique de Jersey » publie le règlement concernant la circulation dans l'île des bicyclettes pendant la saison des touristes.

Nous y relevons que les vélocipédistes doivent, en tout temps, circuler à une allure modérée. Ils ne doivent pas aller deux de front quand ils dépassent des voitures ou des piétons.

Il est défendu de circuler dans les rues de la ville de Saint-Hélier et alentours à une vitesse qui dépasserait six milles à l'heure. Aux tournants des voies publiques, ne pas dépasser la vitesse d'un homme au pas.

Faire entendre son avertisseur à une distance d'au moins trente pas et ne pas courir sur les trottoirs, le tout sous peine de 5 shillings d'amende. En cas de refus de paiement, la police aura le droit de séquestrer les machines et de les vendre jusqu'à équilibre de la balance.

Ceux qui refuseraient de se conformer aux ordres ci-dessus ou de s'arrêter quand ils en sont requis seraient passibles d'une amende de 2 livres sterling ou même de quatre jours de prison.

***

Les Alpes après le Yukon :

Il n'y a pas longtemps, deux Français s'aventuraient à traverser les Alpes par le col du mont Genèvre, et l'on nous annonce aujourd'hui qu'un sportsman munichois vient de gravir en automobile le Herzogenstand, dont la crête s'élève dans les nuages à 1,757 mètres d'altitude. A la vérité, l'automobiliste dont il s'agit n'a pas pu atteindre tout à fait l'extrême sommet du Herzogenstand, son moteur s'étant malencontreusement détraqué deux cents mètres avant l'arrivée au plateau supérieur, mais il a accompli là un haut fait d'autant plus méritoire que la route, dont la pente est extrêmement raide, se contourne en lacets aussi nombreux que peu maniables.

La route en question a été construite par le roi Louis II de Bavière, grand amateur d'ascensions en son temps.

***

Tandis que M. Janne de Lamare se propose de renouveler, mais cette fois dans une douze-chevaux, sa klondykienne entreprise, M. Frapart caresse le projet de gagner Tananarive en automobile en venant par la côte ouest et en suivant la route de Majunga, celle que parcoururent les troupes du général Duchesne. Point de départ : Maevatanana ; distance 340 kilomètres ; c'est plus long, mais ce sera moins accidenté.

Pour réaliser sa tentative, M. Frapart, qui sera accompagné de son ami M. Bigot, doit attendre que la route commencée par l'artillerie et qui théoriquement doit être livrée à la circulation prochainement, soit terminée. Lorsqu'il quitta Madagascar, 60 kilomètres restaient à faire.

Si les travaux sont achevés à temps, M. Frapart emmènera de Paris une voiturette à pétrole et fera sa tentative en octobre prochain.

***

Concurrence automobile aux voitures qui transportent sur les champs de courses la foule hétéroclite des parieurs :

A l'occasion du Grand Prix hippique de Paris, deux trains Scotte ont fait le service entre le cœur de la capitale et l'hippodrome de Longchamp, véhiculant dans leurs vastes et confortables wagons des hippophiles enchantés de trouver l'automobile pour les conduire à bon marché — aller et retour 3 francs — sur les pelouses où se dressent les baraques du Pari Mutuel.

***

Une carte postale illustrée :

Sur une piste gigantesque qui vous a des allures de la place de la Concorde, avec dans le fond de la silhouette usinesque de la Tour Eiffel, un cortège d'automobiles fleuries.

En tête un mail-coach à pétrole tout orné de guirlandes de fleurs, portant au tablier l'écusson de la ville de Paris, pavoisé de drapeaux et surmonté d'une bannière où se lit : « Vive la paix ! »

C'est le char des Etats : M. Loubet, président de la République, le chef coiffé d'une casquette de chauffeur d'un blanc immaculé, tient la direction ; à gauche, le tsar et la tsarine, qui tient sur ses genoux impériaux le roi d'Espagne, le jeune Alphonse XIII ; dans le mail, la reine d'Angleterre; sur le toit de l'omnibus, côte à côte, Humbert, roi d'Italie ; Guillaume II, empereur d'Allemagne ; François-Joseph, empereur d'Autriche ; le roi de Portugal ; Abdul-Hamid, le sultan ; et couronnant toutes ces têtes couronnées, le roi des Belges, coiffé d'un chapeau haut de forme étincelant, une « buse » comme on dit à Bruxelles. Debout à l'arrière du mail, le prince de Galles, vêtu en écossais, souffle dans la longue trompette classique, à la musique perçante.

Le char des Etats est suivi d'un motocycle que pilote la petite reine de Hollande, S. M. Wilhelmine ; et au loin, par le char des colonies.

C'est signé Bianco ; et comme devise la carte porte : « le Clou Rêve de l'Exposition de 1900 à Paris. »

***

Ce qui prouve que les automobiles font des progrès en Espagne, c'est que le conseil municipal de Barcelone vient de faire dresser un projet de règlement sur la circulation de ces voitures. Il est notamment entendu que les automobiles doivent circuler sans remorquer, que toutes précautions seront prises contre les dangers d'incendies, les émissions d'odeurs ; notons l'obligation des bandages en caoutchouc ou pneumatiques, des deux lanternes colorées, du numéro ; vitesse de 8 à 12 kilomètres, examen et permis de circuler, avis des changements de garages et ventes, etc.

***

Le philosophe Roger Bacon et l'automobile :

On ne se doutait sans doute pas que ce savant du quatorzième siècle avait parlé de la reine du dix-neuvième : rien pourtant n'est plus réel. Voici en effet comment il s'exprimait : « Un jour nous serons capables de construire des machines qui assureront aux navires un plus rapide déplacement que s'ils portaient toute une armée de rameurs... de mettre en mouvement des voitures avec une vélocité incroyable sans l'assistance d'aucun animal. »

***

Une définition, en deux quatrains, du « vélocipède » (l'expression alors n'était pas surannée), par Ch. Monselet, que nous retrouvons dans les « Merveilles de la Locomotion » de E. Deharme, édition 1888 :

Instrument raide
En fer battu,
Qui dépossède
Le char tortu.

Vélocipède,
Rail impromptu,
Fils d'Archimède,
D'où donc viens-tu ?

* * *

Nos immortels viennent de recevoir les mots dérivés de cycle, « cyclisme » et « cycliste ». Ces deux expressions figurent dans le dictionnaire de l'Académie. C'est un véritable événement.

Quel soulagement pour ceux qui, comme nous, employaient couramment sans y être autorisés ces vocables que n'avait jusqu'alors consacrés que l'usage!

* * *

Le comte Mouravief, ministre des affaires étrangères de Russie, qui vient de mourir subitement, était un travailleur acharné.

Pour combattre le surmenage intellectuel, le comte, qui souffrait dans les jambes de son manque d'exercice physique, s'était acheté un vélocipède de chambre, autrement dit un « home trainer » sur lequel il se livrait chaque jour à de vigoureux emballages.

Une attaque d'apoplexie est venu interrompre une cure qui s'annonçait heureuse, d'après les déclarations des médecins.

* * *

Notre confrère l' « Automobile belge » raconte un joli mot, bien nature, d'un agent de police bruxellois dressant contravention à un chauffeur.

— Vous alliez à plus de dix kilomètres à l'heure.

— Comment le savez-vous?

— Votre voiture faisait de la poussière?

La Visite à l'Exposition.

Nous avons pensé être utile à nos lecteurs de province et de l'étranger, en dressant un petit guide leur permettant d'économiser leur temps et de visiter, utilement, le vaste caravansérail que Paris offre à leur admiration.

EN UN JOUR

Entrer par la grande porte des Champs-Elysées, avenue Nicolas II, qui donne immédiatement accès à la nouvelle avenue, ne pas manquer de s'arrêter un instant devant le merveilleux coup d'œil qui s'offre devant nous. A droite le Grand Palais, à gauche le Petit Palais. Le visiteur qui ne dispose que d'une seule journée ne doit évidemment pas s'arrêter à tous les détails des exhibitions qui s'offrent devant lui, mais chercher à acquérir une idée d'ensemble qui lui donne une notion générale de ce qu'est l'Exposition.

Le Grand Palais. — Entrer par la porte du milieu et traverser la piste pour voir le grand escalier qui est un des plus beaux exemples de la ferronnerie moderne, faire un tour rapide au rez-de-chaussée et ressortir en prenant la même porte par laquelle on est entré.

Traverser l'Avenue et visiter rapidement le Petit Palais; se contenter pour ce premier jour de voir les deux salles de la façade et jeter un coup d'œil sur la cour en hémicycle intérieur.

Longer la Seine sur la rive droite jusqu'au pavillon de la ville de Paris. On arrive ainsi au Palais de l'Horticulture, on s'y arrête un instant; c'est une merveille florale.

Traverser les anciennes bâtisses de cette merveilleuse reconstitution artistique pour arriver au Trocadéro, jeter en passant un coup d'œil sur le bassin des yachts construits sur la Seine, voir entre autres le pavillon des Indes anglaises, celui de la Néerlande et la reproduction du temple de Boldœbœder, le pavillon du Transvaal et celui de la Sibérie.

Traverser la place et descendre vers la Seine, passer entre les deux groupes d'édifices appartenant à l'Algérie.

Déjeuner dans un restaurant à gauche de la Tour Eiffel.

Puis, visite du Champ-de-Mars, du Palais des Sciences, Lettres et Arts, Moyens de Transports jusqu'au Palais des Industries et d'où nous sortirons par la porte qui donne sur le jardin de l'Exposition.

Admirons la cascade du Château d'Eau et le Palais de l'Electricité, puis recommençons à gauche du Champ-de-Mars l'excursion que nous avons faite à droite. Nous verrons ainsi le Palais des Industries du fil et le Palais des Mines.

Arrivé sur les berges de la Seine, prenons le chemin de fer ou la plate-forme mobile qui nous mènera à l'entrée du pont d'Iéna où commence la série des Pavillons étrangers, là se déroule l'ensemble des Palais de la rive droite (Palais des Congrès de l'Horticulture et de la Ville de Paris).

Ensuite, visite à l'Esplanade des Invalides, Remonter l'avenue centrale et admirer les deux Palais, celui de la rue Faber et celui de la rue de Constantine jusqu'à la rue de Grenelle et revenir sur ses pas en traversant le Palais de la rue de Constantine où se trouvent réunies les Industries les plus diverses : on passe devant le Palais des Manufactures nationales situé près de la gare des Invalides dont la façade est momentanément cachée. Au-dessous des jardins est construite la gare en sous-sol et qui est destinée à devenir le point terminus des lignes de l'Ouest.

Traverser ensuite le pont Alexandre III.

Avant de quitter l'Exposition, contempler une dernière fois le coup d'œil d'ensemble du Palais des Champs-Elysées, du Pont et du Palais des Invalides.

Sortie par la porte monumentale de la place de la Concorde.

EN DEUX JOURS

Le premier jour, suivre l'itinéraire indiqué ci-dessus pour la visite en un jour.

La matinée du deuxième jour, entrer par la porte du quai d'Orsay, visiter tous les palais des sections étrangères en s'arrêtant, notamment, au pavillon de la Perse, dont l'exposition de tapis, perles fines, turquoises, orfèvrerie, attire un grand nombre de visiteurs.

Déjeuner au café-restaurant du Pavillon royal d'Espagne exploité par la Société française « La Feria », dont la réputation est bien connue.

L'après-midi. Entrer par la porte du pont de l'Alma, sur le Cours-la-Reine, visiter toutes les attractions de la rue de Paris, notamment la maison du Rire et les tableaux vivants d'Armand Sylvestre.

Dîner au café-restaurant de l'Aquarium de Paris.

Passer la soirée au Vieux-Paris, quai de Billy.

EN TROIS JOURS

1re journée. — Les Champs-Elysées et les Invalides. Entrer par la Porte Monumentale de la place de la Concorde et consacrer toute la matinée à la visite des deux Palais.

Pénétrer dans le Grand Palais par la porte principale de l'avenue et faire le tour de la piste du rez-de-chaussée.

Consacrer une autre heure à visiter les expositions de peinture du premier étage, et sortir du Palais par la porte postérieure donnant sur l'avenue d'Antin.

Faire le tour du Palais et revenir à la grande Avenue pour arriver au Petit-Palais dont la visite peut se faire rapidement.

Déjeuner sur la berge de la Seine au restaurant construit au milieu des rochers, au pied de la culée droite du pont Alexandre.

Traverser le pont Alexandre III.

Arrivée sur l'Esplanade des Invalides ; visiter le Palais des Manufactures nationales et remonter jusqu'à la rue de Grenelle ; redescendre la rue centrale où sont situés les Palais Faber et Constantine.

Visiter ensuite les palais situés à gauche.

2e journée. — Les berges de la Seine et le Trocadéro.

Commencer la visite des pavillons étrangers par le pavillon de l'Italie, sur la rive gauche, au coin du pont des Invalides.

Poursuivre la visite jusqu'au pavillon de la Guerre et traverser la Seine sur la passerelle construite exprès pour l'Exposition : on trouve sur la rive droite, au débouché de cette passerelle, un grand bouillon-restaurant.

Après déjeuner, se rendre directement au Trocadéro en regardant au passage le pont construit sur la Seine. Au Trocadéro, visite des expositions coloniales.

Voir aussi les pavillons algériens. Le Vieux-Paris mérite de suite une visite d'*une heure*. Et surtout, on visite le Palais des Congrès, le Palais de l'Horticulture et le Pavillon de la Ville de Paris et les Attractions de la rue de Paris.

3e journée. — Champ-de-Mars. — Consacrer la matinée aux attractions centralisées près de la Tour Eiffel en commençant par le Pavillon du Creusot ; nous passerons une demi-heure au Tour du Monde, une autre demi-heure au Palais du Costume ; puis nous passerons sous la Tour pour arriver au chalet de l'Optique où se trouve la gigantesque lunette qui permet de voir la lune à 58 kilomètres de distance ; le Globe Céleste nous demandera une heure bien employée pour le visiter.

Déjeuner au pied de la Tour Eiffel ou au premier étage de la Tour. Le reste de l'après-midi doit être consacré à visiter les galeries et les Palais du Champ-de-Mars.

BIBLIOGRAPHIE

Vient de paraître l'Annuaire 1900 du Touring Club de Belgique. L'utile opuscule, de 225 pages de texte compact, sera particulièrement bien venu cette année; il est distribué gratuitement à tous les sociétaires. Il comprend des renseignements de tout genre : liste d'hôtels de Belgique et de l'étranger, indications précieuses sur les régimes douaniers de tous les pays, article pour les voyageurs en chemin de fer, règlements sur la police du roulage y compris celui de Bruxelles, étude très compétente sur l'automobile, longue liste de guides et de cartes du touriste, indications sur les excellents itinéraires du T. C. B. avec profils des routes et sur la nouvelle carte vélocipédique de Belgique au 250,000e, documents qui tous deux se trouvent entre les mains de quiconque voyage à vélo ou en automobile.

Le Touring Club de Belgique apporte là au monde voyageur une œuvre de réelle utilité.

*
* *

Nous venons de recevoir le premier volume de la grande série des « Sites et Monuments de France » qu'édite le Touring Club de France.

Nous avons déjà parlé à maintes reprises et de l'intérêt de l'œuvre qui va nous faire connaître la France pittoresque tout entière, la vraie France du touriste, cycliste ou chauffeur, et de sa valeur artistique. Les membres du T. C. F. ont d'ailleurs pu déjà voir dans la « Revue » quelques exemplaires des magnifiques gravures qui feront revivre aux yeux de plus d'un Técéfiste le charme et le souvenir des lieux où il a passé.

Ce premier volume est consacré à la Corse, terre sauvage et fruste. Aussi la première partie du titre « Sites et Monuments », le mot sites est-il plus exact que le second. La Corse est peu monumentale, mais quel chaud et âpre pittoresque, et combien il est malheureux que ce soit si loin de nous. Il y a de véritables joies à découvrir pour soi ces sites. La terre mi-italienne, mi-française, n'a pas encore été envahie par la foule touriste. Sa mer et ses monts sauvages la défendent et la défendront longtemps encore contre la banalité d'exploration.

Le livre est, répétons-le, d'une exécution artistique superbe qui fait bien augurer de la collection. Celle-ci compte déjà près de deux mille souscripteurs. Il en faudrait davantage encore, ne fut-ce que pour répandre le goût de cette belle et noble science qu'est la géographie. Le sol national a des beautés merveilleuses, inconnues, hélas ! la plupart du temps aux Français. Nous allons souvent à l'étranger parce que nous connaissons mieux de réputation les beautés étrangères, parce qu'à l'étranger, dans les pays de langue allemande entre autres, où la géographie est plus développée que chez nous, on a su mieux et auparavant mettre ces beautés en valeur.

* * *

Un des traits caractéristiques de notre époque, c'est l'intérêt que provoquent dans le public les études concernant les races et les peuples primitifs ou même civilisés, études si étroitement liées à celles des questions sociales et de colonisation. Cependant, on n'avait pas, jusqu'à présent, de bon résumé de l'état des sciences ethno-anthropologiques. Cette lacune vient d'être comblée par un très intéressant travail : *Les races et les peuples de la terre* (Reinwald-Sthleicher, Paris), dû à M. Deniker.

* * *

Nous avons reçu le « *Turf* », un splendide album, signé Sem', qui, à l'occasion du Grand-Prix, a paru chez Legoupy, le marchand d'estampes, et les libraires des boulevards.

C'est une curieuse revue des personnalités les plus en vue du monde des courses : les propriétaires des grandes écuries, les habitués du pesage de Longchamp ou d'Auteuil, sont croqués avec verve et humour...

Sem', qui a publié dans le *Rire* des dessins très appréciés, a obtenu déjà à Bordeaux et à Marseille un immense succès avec des albums de ce genre. Celui qu'il publie aujourd'hui trouvera certainement à Paris un accueil aussi favorable. Son œuvre, d'une véritable valeur artistique, mérite d'y être appréciée, non seulement par le monde des courses, mais par tous les amateurs d'estampe.

* * *

Viennent de paraître le *Guide Souvenir de l'Aquarium de Paris* et un superbe album sur le même aquarium. Tous ceux qui ont visité ce clou de l'Exposition retrouveront dans ces deux jolis ouvrages le souvenir des étrangetés sous-marines et des curiosités inédites de la grande attraction. Les différents bacs des sirènes, des scaphandriers, des plongeuses, y sont reproduits, ainsi que les principaux poissons qu'on y voit et sur lesquels le *Guide Souvenir de l'Aquarium* donne les plus curieux détails. On y trouve aussi une étude amusante de l'enfantement de cette œuvre considérable à laquelle se sont attachés les frères Guillaume, avec tant de bonheur.

* * *

Les éditions pour 1900 des « Petits Trous pas chers » (Guide des familles aux bains de mer) et des « Villes d'Eaux » (Guide des familles aux stations thermales), deux ouvrages populaires de Maxime Serpeille, viennent de paraître.

Entièrement revues et corrigées, elles renferment des renseignements nouveaux et signalent tous les changements qui ont pu se produire depuis l'an dernier dans les différentes stations balnéaires et thermales.

Le Guide des « Petits trous pas chers », connu de tous depuis le jour où Pierre Giffard en rendit le titre populaire dans le « Petit Journal », donne, comme on sait, la liste de toutes les plages du littoral français, même les moins fréquentées, avec des indications précises sur la manière d'y vivre, le prix des logements, des denrées, etc., dans chacune d'elles.

C'est un ouvrage indispensable aux familles qui, n'étant pas très riches, veulent, au moment des vacances, aller s'installer sur le bord de la mer sans trop dépenser d'argent.

Il est également très utile aux artistes en quête de sites pittoresques et de « coins sauvages », et précieux pour les cyclistes qui y trouveront les distances kilométriques de Paris à toutes les stations balnéaires et des renseignements sur l'état des routes.

Quant au Guide des « Villes d'Eaux » il rendra les plus grands services aux personnes que leur médecin envoie faire une cure d'eaux et qui désirent, avant de partir, se rendre compte des ressources de la ville, des dépenses qu'exigera leur séjour et des distractions qui les attendent.

* * *

Jamais il n'avait paru en librairie un *Guide de Paris* aussi artistique que celui que l'ingénieur Sauvert vient de publier à la librairie E. Flammarion (dans la collection à 1 fr.50). Illustré de 60 vues photographiques d'un plan de Paris en couleurs, de plusieurs plans par arrondissements, bourré de renseignements sur les hôtels, théâtres, musées et la vie de Paris, etc..., ce guide coquet et pimpant sera le livre de chevet du voyageur dans la capitale.

* * *

La maison Hachette vient de publier un joli volume, illustré de 152 gravures, qui s'intitule le *tir à l'arc*.

Le noble jeu de l'Arc de nos pères, en honneur dans notre pays depuis des siècles et sans discontinuité, comprend encore aujourd'hui en France plus de vingt mille archers constitués en « compagnies » ou « sociétés » fort bien organisées, surtout dans le Nord et dans les environs de Paris.

L'ALIMENTATION DE PARIS

pendant l'Exposition.

Il ne suffit pas d'inviter les nations à venir visiter l'Exposition. Encore faut-il songer à les nourrir, à les désaltérer et à les loger.

Pour connaître les approvisionnements de Paris, nous avons deux sources de renseignements : l'Octroi et les Halles centrales. L'octroi indique le chiffre des droits perçus à l'entrée de Paris, sur les matières alimentaires introduites dans la capitale ; les Halles font connaître les quantités de denrées, qui, exemptes des drotis d'octroi, sont entrées à Paris, pour l'alimentation de ses habitants et de ses hôtes.

Une quantité considérable d'aliments est en outre consommée par la population parisienne sans figurer ni aux recettes de l'octroi, ni aux statistiques des Halles. Ce sont les produits qu'un grand nombre de négociants, grands ou petits, ou de simples particuliers, achètent directement aux producteurs, et qui sont exempts des droits d'octroi.

Livrés directement aux acheteurs ils ne laissent aucune trace de leur entrée dans le domaine de l'alimentation parisienne. Il en est de même des aliments que beaucoup de voyageurs apportent avec eux et consomment en famille.

Ceci dit, voici quelques chiffres :

Le total des recettes pour les mois de janvier, février, mars et avril 1900 s'élève à fr.54,361,362,72, alors qu'il n'atteignait en 1899 que 50,054,063 fr. 28. L'augmentation globales des recettes des quatre premiers mois de l'année se chiffre donc par 4 millions 307,299 fr. 44 en faveur de 1900.

Le budget municipal pour l'année 1900 a prévu une augmentation de recettes de 8,500,000 fr. Or, déjà, dans les quatre premiers mois de l'année, on constate une augmentation de 4,307,299 fr. 44.

Voyons maintenant les Halles, sous le bénéfice, d'ailleurs, des observations que nous avons présentées plus haut.

Les introductions de denrées alimentaires aux Halles s'élèvent aux chiffres suivants :

Viande de boucherie. — En 1899, 16,569,503 kilos ; en 1900, 18,057,907 kilos Augmentation : 1,488,404 kilos.

La province fournit la majeure partie des arrivages, environ 75 0/0.

Volaille et gibier. — En 1899, 7,676,395 kilos ; en 1900, 8,377,348 kilos. Augmentation : 660,953 kilos.

Fruits et légumes. — En 1899,5,124,839 kil., en 1900, 5,131,671 kilos. Augmentation : 6.832 kilos.

Ces chiffres sont calculés d'après le nombre de places louées en estimant une moyenne de 150 kilos de marchandises par places louées (2 mètres carrés) sur le carreau forain.

Poissons et coquillages.—En 1899,13,013,070 kilos; en 1900, 12,870,702 kilos. Diminution : 133,368 kil.

Beurre. — Les introductions de beurre à Paris tendent de plus en plus à se faire directement chez le consommateur au lieu de passer par les Halles. Les livraisons directes à domicile ont doublé depuis 1885 où elles atteignaient déjà le chiffre total de 5,629,811 kilos. Pour les quatre premiers mois de l'année 1899, les introductions aux Halles s'élèvent à 3,852,652 kilos. ; en 1900, à 4,013,703 kilos. Augmentation : 161,051 kil.

Œufs. — De même que pour le beurre, la vente des œufs se fait aussi beaucoup directement à domicile. Les apports aux Halles en 1899 sont de 6.205.265 kilos. (à raison de 20 œufs environ par kilos.) ; en 1900, ils s'élèvent à 6,637,913 kilos. Augmentation : 432,648 kilos.

Fromages. — Le total des introductions aux Halles pendant le mois de janvier, février, mars et avril est, en 1899, de 3,669,632 kilos. ; en 1900, de 4,046,648 kilos., soit 376,816 kilos d'augmentation.

Soit en résumé une augmentation totale de 3 millions de kilos de marchandises importées aux Halles en 1900.

ACADÉMIE DE MÉDECINE

Traitement de la lèpre par la sérothérapie.

Lorsqu'on injecte à un cheval du sang de lapin, ce sang se transforme, subit une véritable destruction, et il se produit des substances toxiques et nocives qui donnent au sérum de ce cheval une toxicité puissante pour le lapin.

Ces faits ont depuis quelque temps déjà été mis en relief par les bactériologistes.

M. Metchnikoff, de concert avec son préparateur, le docteur Besredka, a tenté une nouvelle application de cette méthode générale.

Ils ont injecté du sang humain à une chèvre. Celle-ci leur a fourni un sérum qui dissout, détruit, et décolore avec une rapidité incroyable — dix minutes à peine — les globules rouges du sang. Il renferme, en outre, des poisons sanguins : l'hémolysine et la leucotoxine, etc.

M. Metchnikoff en fournit la preuve en renouvelant l'expérience à la tribune de l'Académie.

En présence de ces faits, MM. Metchnikoff et Besredka ont pensé à expérimenter la propriété de cette méthode nouvelle sur l'homme.

Se rappelant qu'on a déjà essayé, dans l'Amérique du Sud, notamment, de traiter la lèpre par des injections de sérum d'animaux ayant reçu du sang de lépreux, ils ont essayé le sérum de leurs chèvres sur deux lépreux appartenant à nos cliniques hospitalières.

D'une façon générale, ils constatèrent presque immédiatement chez leurs malades une très grande amélioration. Le sérum hémolytique agit en stimulant la nutrition et en suscitant la production d'éléments similaires.

On voit d'ici les résultats qu'on est en droit d'attendre de cette méthode générale, qui n'en est encore — il faut le reconnaître — qu'au début de son expérimentation.

*
* *

Les moustiques et la filaire.

Le rôle des moustiques entrevu ces temps derniers au point de vue de la transmission du paludisme ou de la fièvre des marais, prend de plus en plus une importance capitale.

Le professeur Raphaël Blanchard présente,

aujourd'hui, une série de préparations microscopiques, qui lui ont été adressées par M. Patrick Manson, de l'école tropicale de Londres. Elles nous édifient sur le rôle des moustiques dans la filariose.

On sait qu'on désigne sous ce nom une affection tropicale assez fréquente due à la présence dans les tissus d'un parasite, sorte de petit ver appelé *filaire*, dont les migrations ne sont pas encore parfaitement connues.

Voici comment l'évolution se produirait :

Lorsqu'un moustique pique un homme atteint de filariose, le sang périphérique de celui-ci renferme l'embryon de la filaire qui est ainsi introduit dans l'estomac de l'insecte.

Là, cet embryon se débarrasse de la membrane ovulaire qui l'entoure et, larve, prend sa liberté, traverse l'estomac du moustique, puis, tout en grandissant au cours de cette migration, va se loger dans la masse musculaire thoracique.

Bientôt, au bout d'une quinzaine de jours environ, elle a atteint son développement ; elle se dirige alors vers le cou et s'entasse dans la trompe du moustique.

L'insecte, très friand de succion du sang humain, pique et contamine en même temps. Les larves de la filaire sont ainsi introduites dans la peau, où bientôt elles s'accouplent, et l'évolution recommence.

Les préparations microscopiques de M. Patrick Manson montrent avec une netteté indiscutable les diverses phases de cette migration à travers les tissus de l'insecte.

Ajoutons encore que le moustique qui joue un rôle dans le germe du paludisme est un *anopheles*, un moustique à longues pattes et à ailes gigantesques ; celui qui sert de véhicule à la filaire est un *culex*, le *culex ciliaris*, le moustique de nos climats.

*
* *

Deux monstres.

M. Lannelongue présente à l'examen de l'Académie deux monstres offrant de curieuses particularités anatomiques.

Il s'agit de deux enfants hindoux, nés à Madras, que des barnums ont amené à Paris pour les faire figurer dans une baraque à l'Exposition.

Le premier, Permoval, âgé de huit ans, d'intelligence très développée, grand, fort, et ayant l'aspect de la bonne santé, présente cette anomalie d'avoir la moitié inférieure d'un corps humain, c'est-à-dire un bassin avec deux jambes et avec toutes les annexes enfin d'un organisme, soudée à son abdomen. C'est un monstre *hétéradelphe*, c'est-à-dire porteur d'un second sujet mal développé, en partie confondu avec lui. Le sujet accessoire ou parasite, comme l'on voudra, s'insère littéralement entre le sternum et l'ombilic du sujet principal.

Les fonctions naturelles, sont, paraît-il, simultanées chez eux.

Le professeur Lannelongue rappelle que ces anomalies ont déjà, à diverses reprises, été signalées dans la science et qu'Isidore Geoffroy Saint-Hilaire en cite dans son travail plusieurs cas étudiés et dessinés par lui.

Poursuivant un examen approfondi, il fait remarquer aussi la faiblesse du lien d'insertion ; il termine en concluant formellement à la possibilité et à la bénignité relative de l'opération.

Le deuxième sujet, Soopramani, également de Madras, est âgé de quatorze ans. C'est un nain, à très petite taille, à grosse tête vieillotte, de l'aspect du légendaire Tom Pouce, qui présente cette particularité d'être pourvu d'une gibbosité mobile dans le dos.

Scientifiquement, il doit être classé parmi les dégénérés et les rachitiques.

*
* *

Le diagnostic de la rage.

M. Nocard revient à la question du diagnostic *post mortem* de la rage du chien qui a déjà été portée à la tribune de l'Académie par le professeur Babès, de Bucarest.

Il rapporte que les recherches sur cette question auxquelles se sont livrés MM. Cuillée et Vallée, de Toulouse, ont montré qu'il en est du diagnostic histologique de la rage, comme du diagnostic nécropsique. Quand le résultat est positif — ce qui est la règle dans un cas comme dans l'autre, alors que le chien a succombé à l'évolution naturelle de la maladie — on peut affirmer que le chien était enragé ; mais quand le résultat est négatif — ce qui est fréquent alors que le chien est sacrifié aussitôt après avoir été mordu — on n'a pas le droit d'affirmer que le chien n'était pas enragé. Le diagnostic reste incertain et le devoir étroit du vétérinaire est, aujourd'hui comme hier, d'engager la personne mordue à recourir au traitement pastorien.

*
* *

Une adresse au Ministre de la Guerre.

Sur la proposition de MM. Bergeron et Laborde, l'Académie vote une adresse félicitant le Ministre de la Guerre de la mesure d'interdiction prescrite et édictée par sa circulaire du 3 mars dernier. Il s'agit, on le sait, de la défense de vendre des boissons alcooliques dans les casernes et les cantines.

L'adresse exprime en outre le vœu :

1° Que cette première mesure utilitaire soit au plus tôt suivie de son complément indispensable, c'est-à-dire de l'interdiction des boissons alcooliques dans la marine;

2° Que les pouvoirs publics s'inspirent de cet exemple pour réaliser, en ce qui les concerne, des prescriptions de nature à combattre et à enrayer aussi, dans le milieu civil, les progrès de l'alcoolisme.

Quelques membres font remarquer qu'il est équitable d'associer à ce juste hommage les chefs de corps, qui ont été les précurseurs de l'idée, en instituant dans leurs corps d'armée ou dans leurs divisions des mesures prohibitives semblables.

NÉCROLOGIE

Nous apprenons avec regret la mort du docteur Cadet de Gassicourt, médecin honoraire de l'hôpital Trousseau, membre et ancien secrétaire annuel de l'Académie de médecine, chevalier de la Légion d'honneur, décédé en son domicile à Sèvres, 7, rue du Point-de-Vue, à l'âge de soixante-treize ans.

Le docteur Cadet de Gassicourt s'était acquis une juste notoriété, dans le monde scientifique, par ses nombreux et remarquables travaux sur la pathologie infantile, et l'estime et l'amitié de tous par les qualités de l'homme privé.

NOTRE BIBLIOTHÈQUE

Ces volumes sont envoyés par nos soins aux prix marqués. — Joindre **25** *centimes par ouvrage pour la poste.*

L'Art de se défendre dans la rue (*Boxe, Lutte, Canne, Bâton*), par Emile André... 2 »

L'Art de la Boxe française et de la Canne, de J. Charlemont, édition de luxe......... 10 »

L'Automobile théorique et pratique, de Baudry de Saunier .... 9 »

Collection vélocipédique Barenne, 6 séries; la série : 30 centimes; les 6 séries.. 1 50

Collection des Guides Flammarion, le volume .... 1 »

Annuaire général de l'Automobile et des industries qui s'y rattachent, de Théven et Oury, le volume............ 10 »

Annuaire français de l'Aviron 1 25
(franco poste)......................... 1 50

Environs de Paris (grande carte à 80 kilomètres, en 3 couleurs, au 1/100.000e), de Taride. Chaque feuille séparée, sur papier » 75
La même, pliée et sur toile 2 50

Environs de Paris (nouvelle carte à 45 kilomètres, en 3 couleurs, au 1/80.000e), de Taride. Les 4 feuilles 1 25

Le Livre d'or du Sportsman, par le comte de Mirabal........................... 12 »

L'Almanach des Sports, 1900 (directeur : Maurice Leudet)................. 1 25

Annuaire général de la Vélocipédie et des industries qui s'y rattachent, de Théven et Oury, le volume........... 10 »

Tirage justifié : **20.000** *exemplaires.*

Le Gérant : Jules VINCENT.

X. PERROUX, IMPRIMEUR, PARIS.

La " Glykolaïne " réunit toutes les propriétés du Pepto-Kola. — Elle est présentée sous la forme granulée et convient particulièrement aux personnes qui ne veulent pas boire de liqueur.

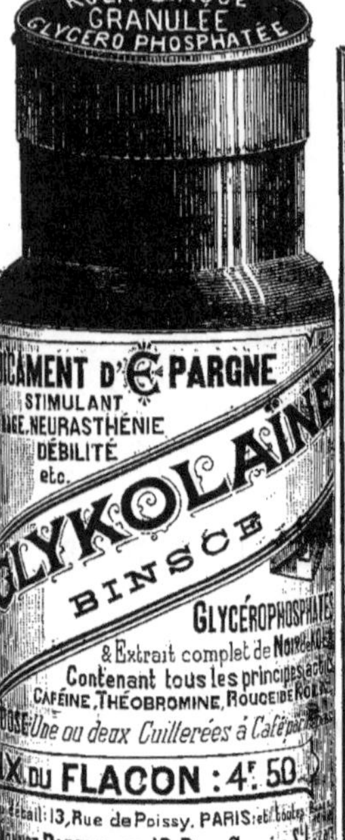

BON GRATUIT

GLIKOLAÏNE BINSCE

pour une Bonbonnière

DE

GLYKOLAÏNE BINSCE

envoyé gratis et franco à nos lecteurs

Nom ....

Profession ....

Adresse ....

....

Les personnes désireuses d'expérimenter la **Glykolaïne Binsce** en recevront, GRATIS et FRANCO, une échantillon dans une élégante bonbonnière. **Il suffit de détacher ce BON et de l'adresser à**

M. le Directeur de l'HYGIÈNE DES SPORTS,

13, Rue de Poissy, PARIS.

A DÉTACHER

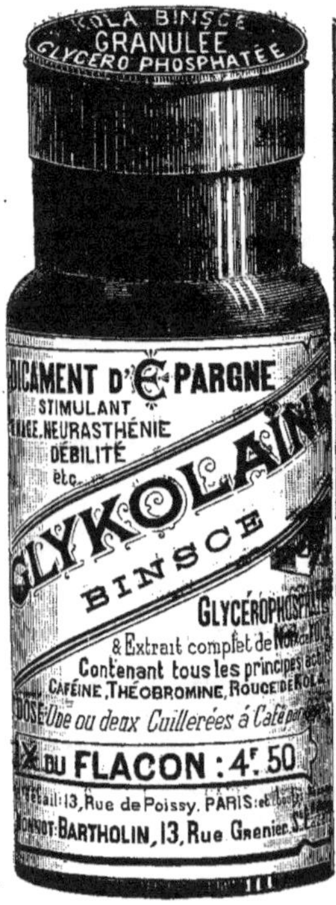

BON A PRIX RÉDUIT

Nom ....

Profession ....

Adresse ....

Gare ....

Nombre de Flacons ....

GLYKOLAINE

Envoi franco, le flacon : 3 fr. 50, au lieu de 4 fr. 50.

Détacher le **BON** ci-dessus et l'adresser, accompagné d'un mandat-poste de la valeur de la commande, à

M. ROBIN, 13, rue de Poissy, PARIS.

www.ingramcontent.com/pod-product-compliance
Lightning Source LLC
LaVergne TN
LVHW010014230826
846092LV00002B/810